여자는 야동 보면 안 돼?

여자는 야동 보면 안 돼?

딸들이 묻고 **심리학자**가 답하다

이 남 석
이 규 리
이 규 린
지 음

다른

세상을 해석한다는 것

청소년이었던 두 딸은 수시로 저에게 질문했습니다. 아빠로서의 생각을 묻는 경우도 있었지만, 심리학자로서 객관적인 답변을 원하는 질문이 더 많았습니다. 그중에는 야동, 다이어트, 데이트 폭력 등 여자로 살면서 생긴 고민도 있고 꼰대, 범죄, 정치 등 사회문제에 관한 고민도 있었습니다.

두 딸의 다양한 질문에 답하면서 제가 다짐한 것이 있습니다. 심리학 지식을 전달하는 수준에서 그치지 않기. 제 딸들이 질문을 던진 건 심리학자가 되기 위해서, 또는 시험공부를 하기 위해서가 아니었으니까요. 저는 사회를 해석하는 과정을 보여 주기 위해 최선을 다했습니다. 딸들이 제 답변을 통해 자신이 아는 것과 알고 싶은 것을 조합하며 생각하는 힘을 키우기를 바랐습니다. 그 힘으로 제가 답하지 않은 문제들을 스스로 해결해 나가기를 바랐습니다. 아빠로서 꼭 하고 싶은 조언도 담으려 애썼어요. 결국 답변은, 아빠의 마음과 심리학자의 마음이 일치하는 지점에서 만들어졌습니다.

질문과 답을 엮어 이 책을 쓸 때도 똑같은 마음이었습니다. 청소년 독자들이 이 책을 읽고 더 나은 사회를 만들 미래의 주인공으로서 마음을 다잡으면 좋겠다는 바람을 더했습니다. 이 책이 심리학 지식을 쌓는 데뿐만 아니라 세상을 읽고 문제를 해결할 힘을 기르는 데 도움이 되기를 바랍니다. 어려운 일이 생겨도 용감하게 대처하며 행복하게 살아갈 수 있기를 기원합니다.

이남석

등장인물

 아빠

딸들이 질색하는 파격 패션을 고집하는 마흔다섯 살의 심리학자. 1년째 미국의 대학 초빙연구원으로 생활하며 혼자 피츠버그에 머물고 있다. 한국에 있는 딸들과 메일을 주고받으며 외로움을 삭인다.

대외적으로는 '전문가 포스' 폴폴 나지만, 대내적으로는 '허당미' 물씬 난다. 대외적으로는 진지한 주제로 토론하는 것을 좋아하지만, 사실 가족과 장난치는 것을 더 좋아한다. 대외용 취미는 독서, 영화, 음악 감상이지만, 온라인 게임을 더 즐긴다. 가끔 딸들과도 게임을 한다. '고구마 백 개 먹은 컨트롤'이라는 핀잔을 들으며, 왕년에는 지금보다 훨씬 잘했다는 변명을 쏟아 놓으며.

평소 시사 문제와 일상사 모두에 관심을 두며 심리학적으로 분석하고 해결책을 내놓으려 노력한다. 행복을 삶의 가장 큰 가치로 생각하고, 행복을 추구하는 방법으로 가족과 친구 등의 인간관계를 중요시한다.

규리

단발머리를 즐겨 하는 고등학교 2학년 여학생. 아빠가 지어 준 '별마을'이라는 뜻의 자기 이름을 좋아한다. 혼자만 빛나지 말고 다른 별들과 함께 빛나야 한다는 생각을 어릴 적부터 했지만, 방법을 잘 찾지 못해 답답해하기도 한다. 그럴 때면 아빠나 학교 선생님에게 적극적으로 질문하고 상담한다.

펜으로 가볍게 그림 그리기를 좋아하고, 전시회에도 자주 간다. 게임을 매우 좋아한다. 다채로운 이미지를 보며 디자인 공부를 하기 위해 게임을 한다고 우긴다. 인디밴드 음악을 좋아하며, 잘 알려지지 않은 애니메이션 작품을 찾는 등 '덕질'을 하는 데 많은 시간을 쓰고 있다.

아빠를 위해 함께 게임을 해 주는 고운 마음씨와, 공부만 한 것처럼 보이려고 일부러 져 주는 현명함을 갖췄다. 앞으로 이용자에게 색다른 경험을 제공하는 서비스 디자이너가 되려고 한다.

규린

긴 머리를 즐겨 하는 중학교 2학년 여학생. 아빠가 언니의 이름과 똑같은 뜻의 한자를 찾아 지어 준 자신의 이름을 좋아한다. 무거운 주제의 그림을 진지하게 그리는 것과 시를 읽고 쓰는 것을 좋아한다. 글과 그림이 조화롭게 들어가 있는 영상도 좋아하고, 직접 영상을 촬영해 편집하는 것도 좋아한다. 아빠를 조련해서 인터넷 방송을 하는 스트리머로 만들려고 하다가 포기하고, 가성비 좋은 또래를 찾고 있다.

엄마가 하는 문화 카페 일을 도와서 번 돈으로 친구들에게 한 턱낼 때 일하는 보람을 느낀다. 평생 시를 쓰더라도 직업은 따로 가져 가난하게 살지 않을 생각이다. 평소에 현실적으로 생각하려 노력하는 편이라 친구들의 고민 상담 요청을 많이 받는다.

아빠와 하는 게임에서도 어떻게든 이기고야 마는 냉정함과, 승패가 갈린 뒤 특급 노하우를 알려 주는 자상함을 갖고 있다. 앞으로 사람들을 행복하게 하는 콘텐츠를 기획하고 싶어 한다.

차례

1. 싱글맘으로 살면 안 돼?   15

#싱글맘 #내집단 편향 #고정관념 #특성 귀속 편향 #정상화 편향

나를 높이기 위해 남을 깎아내리다 | 현실을 왜곡하는 고정관념 | 사고실험으로 사고에 대비하기

2. 왜 비상식적인 정치인을 지지하지?   27

#카리스마적 리더십 #무의식 #자아 팽창 #동일시 #허구적 일치성 효과 #가치 내면화

독재자를 추종하는 사람들 | 영웅의 탄생을 기대하다 | 동경하고, 따라 하고, 동일시하고 | 지도자를 선택하는 올바른 방법

3. 어떻게 죄를 짓고도 당당할 수가 있어?   39

#사이코패스 #소시오패스 #나르시시즘 #자기애 #자기 위주 편향

사이코패스의 여덟 가지 특징 | '당당한 가해자'를 만드는 것들 | 도덕 판단 교육이 필요해

싱글맘으로
살면 안 돼?

#싱글맘 #내집단편향 #고정관념

#특성귀속편향 #정상화편향

🏠 규리의 질문

아빠, 내 얘기 좀 들어 봐. 알다시피 난 정말 선량한 학생인데 오늘은 담임선생님이랑 한판 붙었어.

학교에서 특강을 들었는데, 강연을 하신 선생님이 미혼모 싱글맘이었어. 처음부터 안 건 아니고, 강연이 끝날 무렵 그분이 자신의 이야기를 풀어놓으며 고백하셔서 알았어. 난 그 선생님이 온갖 힘든 일을 혼자 견디면서도 멋지게 사신 것 같아 '인생의 스승'처럼 느껴졌어. 근데 강연 끝나고 담임선생님이 뭐라고 했는 줄 알아? 그분을 '인생의 반면교사'로 삼으라는 거야! 그러면서 우리더러 몸 간수 잘하라고 하는 거 있지? 간수 안 하면 저렇게 된다는 식으로 말하면서.

사랑을 색안경 끼고 보면 안 되는 거 아냐? 싱글맘으로 사는 게 잘못이야? 만약 나한테 어떤 일이 생겨서 싱글맘으로 살지 말지 결정해야 하는 순간이 온다면 나는 싱글맘으로 살 거야. 아이도 아이지만 나를 위해서라도 당당하게 살 거야.

네 이야기를 들으니 아빠도 화가 난다. 네 말대로 아이를 혼자 키우는 싱글맘이라고 해서 색안경을 끼고 보면 안 되지.

결혼했다가 이혼을 해서 싱글맘이 된 사람도 있고, 배우자가 사망해서 싱글맘이 된 사람도 있고, 결혼하지 않고 아이를 낳아 싱글맘이 된 사람도 있어. 다양한 경우가 있지만 어쨌든 행복을 위해 선택한 결과라는 점은 같아. 그 선택을 부정적으로 보는 것은 '남편과 아내와 아이로 이루어진 가정'만 정상이라고 보는 편견에서 나온 거야. 편견이 나쁜 것이지, 싱글맘이 나쁜 것은 아니야.

세상에는 싱글맘 가정도 있고, 싱글대디 가정도 있고, 조부모와 손주로 이뤄진 조손 가정도 있고, 부모가 국제결혼한 다문화 가정도 있고, 아이 없이 부부만 있는 무자녀 가정도 있고, 초혼 때 낳은 아이를 재혼하면서 데려와 함께 사는 재혼 가정도 있어. 특정 유형의 가정만 바람직한 가정이라고 생각하는 것은 편견이야. 우리나라는 싱글맘에 대한 부정적인 인식을 바꾸기 위해 2011년부터 5월 11일을 '싱글맘의 날'로 지정해 기념하고 있어. 하지만 여전히 싱글맘을 보는 시선은 대체로 부정적이야.

나를 높이기 위해
남을 깎아내리다

자신이 속한 집단은 정상이고 다른 집단은 비정상이라고 보는 것을 내집단 편향이라고 해. 내집단 편향에 빠지면 자신이 속한 범주, 즉 내집단에 대해서는 과도하게 긍정적인 평가를 내리고, 자신이 속하지 않은 외집단에 대해서는 부정적으로 평가해. 싱글맘에 대한 부정적인 인식은 그들을 외집단으로 생각하는 사람들이 내린 부정적인 평가에서 비롯된 거야.

사회문제는 이런 편견이 작용해서 생기는 경우가 많아. 이민자들이 만든 미국이라는 나라에서 포용적인 이민 정책에 반대하는 사람이 생기는 이유도 마찬가지야. 기존의 거주자만을 진정한 미국인, 즉 내집단으로 생각하고 이민을 희망하는 사람을 외집단으로 구분하는 것이지.

내집단 편향은 정보처리에도 영향을 미쳐. 사람들은 내집단과 외집단의 차이를 아주 섬세하게 구별해. 제삼자가 보면 차이를 느끼지 못할 만큼 작은 부분에 대해서도 말이야. 서양인은 한국인, 중국인, 일본인을 잘 구별하지 못하지만 한국인은 자신의 내집단인 한국인을 잘 찾아내. 좋은 것이냐고? 아니야. 공통점보다 차이점에 집중해 정보를 처리하다 보면 외집단에 대한 반감이 커질 수 있거든. 사회 구성원이라는 공통점이 있음에도 굳이 차이점을 부각해 싱글맘을 외집단으로 밀어내는 것처럼 말이야.

내집단 편향은 아이돌 팬들끼리 싸울 때도 나타나. "우리 팬들은 착한데 걔네는 무개념이야"라며 다른 아이돌 팬들을 깎아내리는 글이 인터넷에 공공연히 올라오고 많은 공감을 받는 것도 내집단 편향 때문이야(두 아이돌을 다 좋아하는 사람도 있는데 말이지). 이렇듯 편견에 빠지면 상대를 이해하기보다 갈등을 일으키는 데더 많은 에너지를 쓰기 쉬워.

편견은 왜 없어지지 않는 걸까? 대부분의 사람이 갈등보다 이해가 낫다고 생각하는데도 말이야. 그건 다른 집단과 비교함으로써 자신의 집단을 긍정적으로 판단하려는 욕구가 강하게 작용하기 때문이야. 상대를 미워하는 마음이 아니라 자신의 집단을 좋아하는 마음에서 시작되는 것이지. 이를테면 자신의 가족을 좋아하고 자랑스러워하는 마음이 건강한 자부심으로 그치지 않고 다른 가족을 향한 공격으로 이어지는 거야.

그럼 어떻게 해야 편견에서 벗어날 수 있을까? 편견의 출발점을 생각하면 답을 쉽게 찾을 수 있어. 차이점보다 공통점을 찾으려고 노력하면 돼. 그럼 자신이 그동안 차이점에 집중하느라 사실을 왜곡해 왔음을 깨닫게 되거든. 집단의 범주를 크게 잡는 것도 방법이야. 싱글맘을 '다른 가족'이 아니라 '같은 지역 주민'으로 보는 식으로. 4강에 진출한 2002년 월드컵 당시 우리나라 사람들은 '한국인'으로 범주화되어 똘똘 뭉쳤어. 여전히 지역감정이 있었음에도 말이지. 경계의 대상이었던 외국인 노동자들도 '우리'로 불리며 함께 거리 응원을 했어.

현실을 왜곡하는
고정관념

내집단 편향보다 고약한 문제도 있어. 바로 고정관념이야.

이혼한 여성은 '적당히 참지 않고 이혼할 정도로 성격이 드센 여자'라는 고정관념을 마주하는 경우가 많아. 부부 사이에 어떤 일이 있었는지도 모르면서 드라마나 영화, 주변에서 본 몇 가지 사례를 기준 삼아 마음대로 판단하는 사람들이 만든 고정관념이지. 이렇게 고정관념은 낱낱의 정보를 있는 그대로 보지 않고 어떤 집단이나 유형의 특성으로 일반화하면서 생겨.

분홍색 옷을 입은 아기가 있다고 상상해 보자. 고정관념에 휩싸인 사람이라면 아기의 특징을 자세히 살펴보지도 않고 여자아이라고 판단할 거야. 이렇게 고정관념으로 정보를 처리하면 속도는 빠를 수 있지만 단순화 또는 과대 일반화를 범해서 정확도가 떨어져. 분홍색이 잘 어울려서 부모가 분홍색 옷을 입힌 남자아이일 수도 있잖아.

고정관념은 '고정'이라는 말에서도 드러나듯이 쉽게 변하지 않

아. 사람들은 자신의 고정관념과 다른 정보를 무시하거든. 그래서 고정관념에서 벗어나려면 생각을 한꺼번에 바꾸기보다 작게 나눠서 조금씩 바꿔야 해. 하나의 고정관념을 여러 개의 작은 개념으로 나누는 거야. 싱글맘에 대한 고정관념을 깨기 위해 '엄마'의 개념을 떼어 내 따져 보는 식이지.

싱글맘에 대한 고정관념이 있는 사람에게 "자신의 어려운 처지 때문에 아이를 버린 엄마는 좋은 엄마일까?"라고 물으면 뭐라고 대답할까? 좋은 엄마가 아니라고 할 거야. 엄마라면 아이를 지키려고 노력해야 한다며 좋은 엄마의 개념을 떠올리겠지. 싱글맘은 힘든 상황에 놓일 거란 걸 알면서도 아이를 선택한 사람이니, 좋은 엄마의 개념과 겹쳐. 이렇게 엄마에 대한 개념을 이용해 싱글맘에 대한 고정관념을 바꿀 수 있어.

'현명함'이라는 개념을 활용할 수도 있어. 현명한 사람은 아무리 복잡한 상황에서도 문제가 무엇이고 자기가 원하는 게 뭔지 아는 사람이지? 싱글맘 역시 아이 아빠와의 관계에서 잘못된 것이 무엇이고 자기가 원하는 게 뭔지 명확히 알고 아이를 선택한 사람이야. "성격이 드세서" 그런 선택을 한 것이 아니라.

싱글맘도 복잡한 특성을 가진 한 사람임을 확인함으로써 고정관념에서 벗어날 수도 있어. 사람은 자신이 다른 사람보다 다양한 특성을 가졌다고 착각하는 경향이 있어. 다른 사람들은 단순해서 예측하거나 분류하기 쉽다고 생각하지. 이것을 **특성 귀속 편향**이라고 해. 상대방을 파악할 때 특성을 있는 그대로 살피는 게 아니라 자신이 생각하는 특성을 억지로 꿰어 맞추는 거야. 여기서 핵심은 '억지로'야. 억지로 꿰어 맞추기 때문에 현실과 달라지고, 그 사람에 대한 고정관념과 편견이 강화되지.

2차 세계대전 당시 나치는 다양한 특성이 있는 독일인과 달리 적대국의 국민과 유태인은 한두 가지 특성만 있는 단순한 존재인 것처럼 왜곡하는 전단지를 살포했어. 특성 귀속 편향을 이용해 사람들의 고정관념을 강화하는 교묘한 전략이었지. 이러한 전략은 제품 광고에도 자주 이용돼. 자사 제품은 아주 다양한 특성이 있는 것으로 묘사하는 반면 경쟁사 제품의 특성은 부정적인 한두 가지만 부각하는 거야. "아직도 소음이 나는 제품을 쓰고 있습니까?" 하는 식으로.

'싱글맘은 성격이 드세다'라는 고정관념에 빠지면 그 사람의 당당한 모습도 드센 것으로 꿰어 맞추게 돼. 여린 면은 무시하지. 만약 싱글맘도 다양한 특성이 있는 존재라는 걸 깨닫는다면 어떻게 될까? 싱글맘이라는 특성을 뺀 나머지 특성들을 먼저 살펴본다면? 고정관념에서 벗어나 있는 그대로의 모습을 받아들일 수 있을 거야.

고정관념에 빠지기 싫어.

어떻게 하면

벗어날 수 있을까?

그 대상에서

고정관념을 제외한

특징들을 찾아봐.

사고실험으로
사고에 대비하기

아빠는 네가 이 질문을 해 줘서 반가웠어. 왜냐고? 네가 싱글맘이 된 상황을 '미리' 생각하며 일종의 사고실험을 한 거잖아.

고정관념만큼 위험한 게 **정상화 편향**이야. 이는 사건이 일어날 확률과 그 사건이 자신에게 끼칠 영향을 실제보다 낮게 보는 현상을 뜻해. 막상 사건이 벌어지면 적절하게 대응하지 못해 더 큰 피해를 입지. 사건 피해자를 인터뷰한 뉴스들을 보다 보면 가끔 다음과 같은 말이 나와.

"이런 일이 저에게 닥치다니, 정말 그럴 줄 몰랐어요."

정상화 편향을 가진 사람은 자신의 일상이 지극히 정상적으로만 흘러갈 것이라 생각하기에 위기에 대비하지 않아. 재난 위기에 응급 대피 방송이 나와도 자신은 괜찮을 것이라고, 아주 운 나쁜 사람에게만 안 좋은 일이 생길 것이라며 버티다가 피해를 입곤 하지. 폭설이 내린 산에 굳이 올랐다가 조난을 당하는 사람, 폭우로 물이 불어난 계곡 옆에서 캠핑을 하다가 변을 당하는 사람 등이 정상화 편향에 빠진 경우야.

정상화 편향은 역사적인 사건에서도 찾아볼 수 있어. 대표적인 사례가 2차 세계대전 당시 일어난 유태인 학살이야. 대부분의 유태인은 반유태인주의를 공공연하게 떠드는 아돌프 히틀러Adolf

Hitler가 등장한 뒤 독일을 떠났어. 하지만 450만여 명은 독일에 남았지. 왜? '설마 나에게 나쁜 일이 생기겠어?'라는 생각 때문에. 부유한 유태인들은 독일 지도층에 뇌물을 바치면서 위기의 순간이 지나가기를 기다리기도 했어. 독일에 정착한 지 오래되었거나 주류 사회에 속한 유태인일수록 자신이 독일인을 잘 알고 있다고 생각해서 늑장 대응을 했어. '내가 아는 인간들이 모인 사회에서 그런 일이 일어날 리 없어'라고 생각했지. 그렇다고 믿고 싶었을 거야. 하지만 결국 많은 유태인이 비참하게 살해당했어.

정상화 편향은 인간관계에서도 작동해. 헤어질 것을 전혀 생각하지 않고 누군가를 사귀었던 사람은 이별할 때 더 크게 상처를 받아. 회복하기까지 오래 걸리지. 헤어지지 않기를 바랄 수는 있어. 하지만 바람과 상관없이 대비는 해야 해. 물론 한번 이별을 겪고 나면 다음에는 전보다 극복을 잘할 수 있어. 하지만 모든 일을 체험한 뒤에야 대비하면 인생이 어떻게 되겠니? 상처와 스트레스가 상당하겠지. 닥칠 수 있는 상황을 머릿속에 떠올리며 간접 체험을 하는 일은 그래서 중요해. 대비할 수 있잖아. 실제로 사건이 터졌을 때 더 나은 선택을 할 수 있어.

네가 싱글맘이 되기를 바라지는 않아. 하지만 실제로 상황이 벌어졌을 때 더 나은 선택을 하려면 미리 생각해 보는 것이 좋다고 생각해. 물론 아빠는 네가 싱글맘이 되어도 너를 지지할 거야.

다만 네가 싱글맘으로서의 삶뿐만 아니라 독신으로서, 직장인으로서, 여성으로서, 어른으로서 행복한 삶에 대해서도 생각해 보기를 바라. 싱글맘이든 아니든 중요한 것은 너의 행복이니까. 그게 아빠의 솔직한 마음이야. 간절한 바람이기도 하고.

왜 비상식적인 정치인을 지지하지?

#카리스마적 리더십 #무의식 #자아 팽창

#동일시 #허구적 일치성 효과 #가치 내면화

🏠 규리의 질문

오늘 친구 언니가 일하는 식당에 놀러 갔어. 그런데 정말 어이없는 손님을 봤어. 텔레비전 채널을 자기가 원하는 뉴스 방송으로 바꿔 달라고 하더라고. 그러면서 친구분과 정치 이야기를 큰 소리로 하는 거 있지? 그 손님은 사람들을 논리적으로 설득하는 게 아니라 자기주장을 무작정 밀어붙이는 어느 정치인에 대해 이야기했어. 그 정치인을 열성적으로 지지하더라고. 정말 충격적이었어. 아무리 생각해도 그 사람은 좀 아닌 것 같은데 말이야.

허황된 공약만 늘어놓고 막상 정권을 얻으면 자기 배만 불릴 것 같은 정치인을 지지하다니, 너무 답답했어. 심지어 그 사람은 외교 분쟁이 생겼을 때 우리나라의 자주권을 포기하고 넙죽 엎드렸던 걸로 유명하단 말이야. 친구 언니 곤란해질까 봐 가만히 있었지만 너무 답답해서 정말 한마디 해 주고 싶었어. 표정 관리하느라 애썼다니까. 이게 영화였다면 오스카 여우주연상 감이었어.

아빠, 사람들은 왜 말도 안 되는 비상식적인 정치인을 지지하는 거야? 도대체 왜?

그 손님은 자기가 지지하는 정치인을 '비상식적인 정치인'이 아니라 '카리스마 있는 정치인'이라고 생각할 거야. '카리스마'는 '사람들을 압도하는 초자연적이거나 초인적인 능력'을 뜻해. 초자연적, 초인적…… 이상하지? 뭔가 사이비 교주 같지 않아? 카리스마 넘쳤던 후고구려의 왕 궁예는 '다른 사람의 마음을 꿰뚫어 보는 특별한 능력'을 가진 사람으로 자신을 선전했어.

이런 황당한 선전에 속는 사람이 있을까 싶겠지만, 카리스마적 리더십의 특성상 그를 따르는 사람이 생기기 마련이야. 심지어 북한의 김일성 주석은 '가랑잎을 타고 압록강을 건너는 능력'을 가졌다고 자신을 선전하면서까지 카리스마를 얻으려 했어. 무엇이 되었든 "내가 해 봐서 안다"라며 남다른 경험치를 자랑한 이명박 전 대통령, 자신의 특별한 혈통과 대학 수석 졸업 이력, 4개 국어 구사 능력을 선전한 박근혜 전 대통령이 노린 것도 대중으로 하여금 자발적으로 자신을 추종하게 하는 카리스마야.

독재자를
추종하는 사람들

カリ스마는 확실히 지도자의 자리에 오르는 데 큰 도움이 돼. 궁예, 김일성 등의 사례를 봐도 그렇지. 하지만 그 리더십이 낳은 결과를 보면 이야기가 달라져. 지도자에게 모든 권력이 집중되니 부정부패가 생길 수밖에 없어. 주변 인물들도 그의 권력을 이용해 나쁜 짓을 벌이지. 카리스마적 리더십은 '비범하지 않음'이 드러나는 순간 힘을 잃어. 그래서 영웅적 자질을 드러내 보이기 위해 위기 상황을 일부러 만들기도 하고, 특별한 능력과 인간적 매력을 부각하는 홍보에 열을 올리기도 해. 언론도 철저히 통제하지.

역사적으로 카리스마적 리더십을 가장 잘 드러낸 인물은 누구일까? 바로 히틀러야. 히틀러의 등장과 몰락을 보면 사람들이 왜 말도 안 되는 지도자를 따르는지 알 수 있어. 지금도 히틀러는 신나치주의자의 지지를 받을 정도니, 이번 기회에 잘 알아 두는 게 좋아.

히틀러는 평화로운 시기에 집권한 인물이 아니야. 독일이 1차 세계대전 이후 전쟁 배상금을 지급하느라 허덕이던 와중에 등장했어. 세계 경제 대공황의 영향까지 받아 경제적으로도, 사회적으로도, 정치적으로도 혼란스러운 상황이었지.

히틀러는 눈앞에 닥친 문제만 해결하겠다고 나선 게 아니야.

당시 독일 국민이 바라던 안정된 사회, 힘 있는 국가, 풍족한 자본에 대한 이상을 자극했어. 그리고 그 이상을 실현할 특별한 능력을 가진 것처럼 자신을 선전했어. 그는 새로운 힘을 상징하는 나치 깃발과 나치식 인사법을 만드는 등 다양한 장치를 마련해 힘에 복종하게 했어. 파울 괴벨스Paul Goebbels라는 참모를 적극 활용해 마음을 뒤흔드는 선전 선동 행사를 수시로 개최했고, 영화도 만들었어. 그 결과 히틀러는 순식간에 독일 국민이 원하는 최고의 지도자가 되었어. 카리스마적 리더십을 가지게 된 거야.

어떻게 히틀러 같은 독재자가 전 국민적인 지지를 받을 수 있었을까? 조직 행동을 연구한 로버트 하우스Robert House는 카리스마적 리더십에 관한 이론을 정립하며 다음 여섯 가지 조건을 꼽았어. 히틀러의 경우 모두 해당돼.

1. 리더의 신념에 대한 추종자의 신뢰
2. 리더의 신념과 추종자의 신념 간의 유사성
3. 리더에 대한 추종자의 무조건적인 수용
4. 리더에 대한 추종자의 애착
5. 리더에 대한 추종자의 자발적인 복종
6. 조직의 사명에 대한 추종자의 감정적 몰입

오늘날 우리나라에도 과거의 독재자를 그리워하는 사람들이 있어. 그들의 애착과 복종 역시 위의 여섯 가지 특징으로 설명할 수 있어.

영웅의 탄생을
기대하다

그런데 추종자들은 도대체 왜 카리스마적 리더십을 가진 지도자를 따르는 걸까? 여러 원인이 있는데, 그중 몇 가지만 짚어 볼게.

사람에게는 의식으로 파악하지 못하는 마음의 영역인 무의식의 세계가 있어. 이 무의식은 두 가지로 나뉘어. 개인 무의식과 집단 무의식. 개인 무의식은 개인의 본능 또는 어렸을 때 경험한 심리적 상처로 이뤄진 정신적 자료의 저장소야. 그리고 집단 무의식은 인간이 보편적으로 가지고 있는 정신적 자료의 저장소야.

교류가 거의 불가능했던 과거에 문명마다 비슷한 신화를 만들어 향유한 것은 집단 무의식 때문이야. 집단 무의식이라는 인류 보편적인 정신이 자연스럽게 녹아 들어 신화로 만들어진 것이지. 집단 무의식이라는 개념은 칼 융Carl Jung이라는 심리학자가 생각해 냈어.

신화를 보면 힘든 역경을 이겨 내는 인물의 이야기가 빠지지 않고 나와. 단군신화에도 곰이 100일 동안 마늘과 쑥만 먹는 고통을 이겨 내고 신화적 인물이 되는 이야기가 나와. 그리스신화도 마찬가지야. 오디세이와 같은 영웅이 시련을 겪고 이를 극복해 나가는 과정이 자세하게 펼쳐져. 현대판 신화라고 할 수 있는 슈퍼 히어로 영화도 봐 봐. 그 자체로 영웅 이야기잖아.

지금도 영웅 이야기는 세계적인 인기를 끌어. 사람들이 보편적으로 가지고 있는 집단 무의식을 자극하기 때문이야. '초인적인 능력을 갖춘 사람이 세상을 구원할 것이고 자신은 그 영웅을 따르기만 하면 된다'라는 무의식이지. 이성적 자아의 힘이 강하면 그런 이야기에 쉽게 현혹되지 않아. 영웅을 기다리지 않고 자신이 직접 나서지. 하지만 자아의 힘이 약하면 연약한 자기를 이끌어 줄 누군가에게 의지하고 싶은 마음이 커져. 그래서 비상식적인 지도자여도 자신이 생각하는 영웅에 가깝다고 생각하면 마음을 주는 거야.

그 영웅을 너무 선망해서 그의 모든 것을 따라 하기도 해. 그가 했던 말과 행동을 따라 하는 거야. 지도자가 입은 옷, 간 곳, 읽은 책, 한 말을 모방하지. 심하면 생각조차 그 지도자가 하는 대로 따라 하는 경지에 이르게 돼. 이것을 자아 팽창이라고 해.

자아 팽창은 신화적 원형을 자기 자신과 혼동하는 현상을 뜻해. 신화적 원형은 어디까지나 원형이지 자아가 될 수 없는데도 자신이 그런 사람이라고 믿는 거야. 자아 팽창이 일어나면 독립

초인적인 영웅이
세상을 구원하면
좋은 거 아냐?

한 사람이 모든 문제를
해결할 순 없어.
그건 민주주의도 아니야.

적인 개성이 심각하게 훼손되어 몰지각한 행동을 하게 돼. 자신이 지지하는 지도자를 신화적 원형이라고 생각하기에 "박정희는 반인반신이다", "박정희는 신과 같은 존재다"라는 말도 떳떳하게 하지.

사이비 종교 지도자를 지지하는 사람들이 그를 '신의 아들'이나 '재림한 예수'라고 부르며 이를 근거로 당당하게 폭력을 행사하는 것 역시 자아 팽창 때문이야. 이들은 실제 자아가 아니라 신화적 원형의 입장에서 현재 상황을 파악해. 지도자와 자신을 신화속 인물로 보는 거야. 그럼 자신을 반대하는 세력은 악의 무리가 돼. 악을 소탕하고 역경을 뛰어넘으면 자신도 신화에 기록될 것이라고 생각하지. 완전 '중2병' 같지? 비슷한 면이 있어. 아직 적절한 기회가 오지 않았을 뿐, 자신의 능력이면 뭐든 할 수 있다고 생각하기도 하거든.

동경하고, 따라 하고, 동일시하고

비상식적인 지도자를 지지하는 현상은 다른 관점으로도 설명할 수 있어. 지도자와 자신의 욕망을 동일시하기 때문이라고 보는 거야. 점점 더 치열해지는 경쟁에서 살아남아야 하는 현대인들은 강력한 힘을 가져 최고 서열에 오르고 싶어 해. 모든 경쟁에서 이기고 싶어 하지. 그래서 자신이 바라는 최고 서열의 사람을 부러워하고 동경해. 그러면서 그의 행동을 모방해. 이를 **개인적 동일시**라고 해.

어떤 사람들은 개인적 동일시에서 더 나아가기도 해. 같은 지도자를 좋아하는 사람들의 모임에 적극적으로 참여하는 거야. '노사모(노무현을 사랑하는 모임)', '박사모(박근혜를 사랑하는 모임)'와 같이 특정 인물을 지지하는 모임에 참여하며 그 조직의 구성원이 된 것에 자부심을 느껴. 이를 **사회적 동일시**라고 해.

사회적 동일시가 심해지면 **허구적 일치성 효과**에 빠지기도 해. 이는 다른 사람들도 자신과 똑같이 생각한다고 착각하는 현상을 뜻해. 사람은 나이가 들수록 그런 성향이 강해져. 스스로 경험을 많이 쌓았다 여기면 다음과 같은 말들을 자연스럽게 일상에서 쓰지. "다른 사람들도 그렇겠지만", "우리 생각에는", "여러분도 아시다시피" 등등.

"우리 지역 사람들은 나라를 팔아먹어도 ○○○을 끝까지 지지한다"라고 말하는 것 역시 다른 사람도 자신처럼 생각할 것이라고 착각하기 때문이야. 이런 사람들은 투표 결과가 자신의 예상과 다르게 나오면 큰 충격을 받아. 부정선거라고 주장하기도 하지.

사회적 동일시가 심해지면 지도자와 집단의 가치, 목표를 자신의 것인 양 받아들이게 돼. 지도자의 생각을 자신의 생각으로 착각하는 거야. 이를 **가치 내면화**라고 해.

"나는 ◇◇◇을 싫어해. △△△을 지지해."

이런 식의 선호도 역시 지도자가 생각하는 대로 말해. 그러면서 온전히 '나'의 생각이라고 믿어.

개인적 동일시, 사회적 동일시, 가치 내면화가 많이 일어나는 사회일수록 다양성이 떨어져. 창의성이 부족하기에 답답한 사회가 되지. 자발적으로 문제를 해결하기보다 노예처럼 지도자의 눈치만 보게 돼. 이는 민주주의 사회가 아니야. 민주주의는 다양성, 개성, 존중, 평화를 바탕으로 하잖아. 개인적 동일시, 사회적 동일시, 가치 내면화에 빠지면 지도자의 의견만 따르기에 획일성, 집단성, 배타성, 폭력성이 강해져.

지도자를 선택하는 올바른 방법

이런 상황을 바꾸려면 어떻게 해야 할까? 지도자를 바꿔야 해. 지도자를 암살하라는 것이 아니야. 민주주의 사회를 원하면 해결 과정도 민주적이어야 해. 선거 때 투표에 참여해서 역할에 적합한 지도자를 뽑고, 부정부패를 저지르지 않도록 감시하고, 부정한 일을 저질렀을 경우 잘못을 추궁하고 책임을 묻는 등 적극적으로 나서야 해.

그리고 너무 완벽한 이상을 이야기하는 사람은 경계해야 해. 현실은 완벽할 수 없거든. 박근혜 전 대통령은 대통령 선거 때 "증세 없는 복지"를 당당하게 공약했어. 나라는 세금으로 운영되기에 복지 수준을 높이려면 세금을 더 걷어야 해. 너도 교과서에서 배우잖아. 그런데도 그는 증세 없는 복지를 공약했어. 비현실적인 이상을 말하는 사람은 비판적으로 봐야 해. 무책임한 결과를 낳을 수 있거든.

지도자는 자격을 꼼꼼하게 따져서 뽑아야 해. 인간이기에 실수도 하겠지만, 단순한 실수인지 아닌지 파악할 필요가 있어. 실수를 통해 교훈을 얻어 더 나은 사람이 되었는지도 따져야 해. 그렇지 않으면 흑색선전에 휘둘려 자격 미달의 지도자를 뽑을 수 있어.

나쁜 지도자에게 마음을 빼앗기지 않는 방법은 더 많을 거야. 너희 세대는 아빠 세대가 했던 것보다 더 꼼꼼하게 따지고 현명하게 판단해서 좋은 지도자를 선택하기를 바라. 응원할게.

어떻게 죄를 짓고도 당당할 수가 있어?

#사이코패스 #소시오패스 #나르시시즘

#자기애 #자기 위주 편향

🏠 규린의 질문

아빠, 파키스탄 여성 SNS 스타가 친오빠에게 살해당한 뉴스, 본 적 있지? 성
평등을 주장하던 여동생을 살해한 사건 말이야. 가해자는 "가족의 명예를 위한
거다", "난 약물 중독자지만 범행을 저지를 당시에는 정신이 멀쩡했다", "내가
한 행동이 전혀 부끄럽지 않다"라고 했대. 이런 걸 명예 살인이라고 하지?

'명예'라는 말과 상관없이 본질은 살인이야. 범죄지. 그런데 어쩜 저렇게 떳
떳할 수 있을까? 너무 멍청해서 범죄라고 판단할 능력조차 없나? 그런데 진짜
무서운 건 이거야. 잔혹한 범죄를 저지르고도 저렇게 떳떳하게 행동하는 가해자
가 세상에 수두룩하다는 것. 정치 비리, 성추행, 강간, 살인······. 셀 수 없이
많을 거야.

이상해. 어떻게 죄책감을 느끼지 않지? 그런 사람은 또 왜 이렇게 많아? 나는
어떻게 해야 하지? 혹시 먼 훗날에라도 그런 사람을 만나면 어떻게 대처해야
할까?

범죄자라고 해서 모두 떳떳하게 행동하지는 않아. 하지만 유독 떳떳한 범죄자들이 있어. 그들은 심리학적으로 **사이코패스**psychopath에 가까워. 사이코패스는 반사회적 성격장애 유형 중의 하나야. 감정을 관장하는 뇌 영역이 태어날 때부터 발달하지 않은 사람을 뜻하지. 어린 시절 학대를 받아 사회성이 발달하지 못한 경우도 있어. 이들은 **소시오패스**sociopath라고 해.

'사이코패스'와 '소시오패스' 용어는 학자들도 엄격하게 구분해서 쓰지 않아. 아빠도 '사이코패스'로 묶어서 이야기할게.

사이코패스의 여덟 가지 특징

사이코패스는 어떻게 구별할까? 첫째, 이들은 자신의 매력을 적극적으로 드러내. 유머 감각, 외모를 활용하는 것은 물론이고 상대방을 속이기 위해 착한 일도 해. 주도면밀해서 말도 잘하지. 그래서 처음에는 호감형으로 보이는 경우가 많아. 호감형이라고 해서 모두 사이코패스는 아니지만, 말과 행동에서 평균을 뛰어넘는 강렬한 매력이 느껴진다면 가만히 기다리며 지켜볼 필요가 있어. 사이코패스는 스스로 포식자라고 생각하며 먹잇감을 찾아다니는 습성이 있거든. 상대가 먹잇감이 되지 않겠다 싶거나 시간이 걸리겠다 싶으면 다른 먹잇감을 찾아 떠나. 진정 상대를 배려하는 사람이라면 그렇게 뜬금없이 떠나진 않을 거야.

둘째, 끊임없이 자극을 추구해. 영화나 드라마에서는 사이코패스 살인마가 냉철하고 차분한 인물로 그려지는 경우가 많은데, 사실 대부분의 사이코패스는 차분함과 거리가 멀어. 바로바로 만족할 수 있는 자극적인 요소를 계속 추구해. 그래서 쉽게 폭발하지. 성적으로 문란하거나, 친구들을 계속 갈아치우거나, 폭력적인 것을 좋아해. 충동적이고, 무책임하고, 뭐든 진득하게 하지 못하는 사람이라면 의심해야 해.

사이코패스는 연애할 때도 겉으로는 상대방을 무척 사랑하는 척하지만 실제로는 성욕의 대상으로만 이용해. 그러다 다른 대상이 나타나면 아무렇지 않게 상대방을 차 버리지. 그러니 아무리 매력적인 사람이라 해도 연애 경력 또는 친구관계를 알아보고 만나는 것이 좋아. 그게 곤란하다면, 일부러 예전에 했던 데이트를 한 번 더 하자고 제안하고 반응을 살피는 것도 방법이야. 새로운 자극을 찾는 사이코패스라면 질색할 거야.

셋째, 자신감이 넘쳐. 심리학적으로는 **나르시시즘**narcissism이라고 해. 세상의 중심이 자기라고 생각하고, 어떤 모임에서든 중심이 되려고 해. 자신이 나서야 문제가 해결된다고 믿지. 그러다 보니 설치는 경향이 있어.

자기를 사랑하는 마음은 **자기애**야. 나르시시즘은 자기애를 뛰어넘어. 그 어떤 것보다도 자기를 사랑하지. 상대방을 무시하면서. 자기 자신을 사랑하는 것과 별개로 남을 인정한다면 문제될 것 없어. 하지만 사이코패스는 자신이 남들보다 매력적이고 똑똑하고 잘났다고 생각하기 때문에 다른 사람을 무시해. 이런 특징을 가진 사람은 경계해야 해.

넷째, 사이코패스는 거짓말을 잘해. 남들보다 똑똑하다고 생각해서 거짓말을 거침없이 하지. 거짓말을 하다 들켜도 오히려 화를 내. 또는 아무렇지 않게 장난이라고 넘겨. 어떻게든 자기 책임이 아니라는 식으로 둘러대지. 그러고도 거짓말을 한다면 사이코패스에 가까운 것이니 멀리해야 해.

다섯째, 죄책감이 없어. 거짓말을 들켰을 때도 겉으로만 미안하다고 하지, 진심으로 미안해하지는 않아. 그냥 재수 없이 걸렸다고 생각하지. 여동생을 '명예 살인'이라는 이름으로 죽인 뒤 자신의 행동을 정당화한 그 파키스탄 남자도 죄책감을 못 느끼는 거야. 얼마 전 우리나라에서는 집단 폭행으로 피해자를 죽여 놓고 가해자들끼리 "이것도 경험", "추억"이라고 말한 사례도 있었는데, 이 역시 죄책감이 없는 거야. 사소한 잘못이어도 어떻게 반응하는지 보면 사이코패스를 구별할 수 있어. 이들은 때로 자책 또는 자해하는 연기를 해서 상대방에게 "자책하지 마. 내가 용서할게"라는 말을 끌어내기도 하니 조심해야 해.

여섯째, 감정적으로 반응이 없어. 완전히 없는 건 아니야. 욕망과 흥분은 확실하게 느껴. 단 다른 사람보다 감정 표현이 적어. 또는 이상한 방식으로 표현해. 슬픈 상황에서 짜증을 내거나, 짜증나는 상황에서 울거나 하는 식이야. 감정을 제대로 느끼지 못하기 때문에 다른 사람의 감정 반응을 모방하는 식으로 상황을 넘기지. 사이코패스로 의심되는 사람이 있다면 어떤 일이 벌어졌을 때 어떤 감정을 느끼는지 묻고 어떻게 반응하는지 관찰해야 해. 감정을 느끼지 못하면 공감도 못 하겠지? 사이코패스는 상대방을 속이기 위해 연기하는 것 말고 진정한 공감은 못 해.

일곱째, 동물 학대를 해. 사이코패스 살인마 강호순의 경우 신뢰를 얻기 위해 일부러 피해자들에게 자신이 키우는 개 사진을 보여 줬다고 해. 그 개는 나중에 잡아먹혔지. 그 사진을 잘 보면 강호순을 두려워하는 개의 눈빛이 보여. 동물은 언어 이전에 감각으로 자신에게 해가 될 사람과 도움이 될 사람을 가려.

사이코패스인지 알아보고 싶다면 동물과 교감하는지 살펴보는 것도 방법이야. 동물이 학대당하는 영상이나 인간과 동물이 교감하는 영상을 보여 주고 반응을 살피면 돼.

여덟째, 집중력이 강해. 범죄를 저지를 때는 집중을 굉장히 잘해. 하지만 공감 능력이 부족하기 때문에 평소에는 상대방의 말을 집중해서 듣지 않아. 그리고 도덕, 판단, 몰입 등을 관장하는 전전두엽이 덜 발달했기 때문에 상대방의 이야기를 오랫동안 들으며 판단하거나 기억하지 못해. 듣는 척만 하지. 중간중간 네가 한 말을 들었는지, 얼마나 집중했는지 확인해 봐. 사이코패스라면 그럴듯한 거짓말로 자신이 집중하지 못한 이유를 말하거나 다른 이야기로 화제를 돌릴 거야. 그런 상황이 반복된다면 사이코패스일 수 있어. 그게 아니라면 너에게 관심이 없는 사람이겠지.

'당당한 가해자'를 만드는 것들

잘못을 뉘우치기는커녕 오히려 당당하게 구는 가해자들이 존재하는 것은, 그가 반사회적인 사이코패스이기 때문일 수도 있지만 사회적인 풍토 때문일 수도 있어. 가해자에게 관대하고 피해자에게 엄격한 사회 분위기 말이야. 성폭행 사건이 나면 "여자가 왜 그 시간에 그런 사람과 어울리냐" 하며 피해자의 부주의를 탓하는 사람들이 있잖아. 이런 사람이 많은 사회에서는 가해자도 피해자의 잘못을 주장하며 떳떳하게 굴어.

"술을 먹어서 기억나지 않는다"라며 술 핑계를 대면 감형해 주는 법도 한몫해. 이를 아는 가해자는 침착하고 당당한 모습으로 맨 정신에 인터뷰를 하며 '나도 술을 안 먹으면 너희와 똑같다'라는 메시지를 주지. 사실 술을 먹고 범죄를 저지른 사람이라면 범죄를 저지를 가능성을 알면서도 술을 먹은 것이기에 가중처벌을 해야 하잖아. 개조하면 큰 사고가 날 줄 알면서도 자동차를 개조해서 사고를 낸 경우 가중처벌을 하듯이. 하지만 지금 우리나라 법은 그렇지 않아.

가해자의 인권을 존중해야 한다며 죄를 관대하게 다루는 사법부의 태도도 문제야. 피해자와 합의한 경우에는 처벌을 유예하는 집행유예를 내리니, 가해자도 "합의하면 되잖아" 하며 당당하게 행동하는 거야. 도덕이 아니라 돈과 권력으로 해결할 일이라고 보는 것이지.

이런 상황이 반복되면 사회 구성원은 무력감을 느끼게 돼.

"어차피 덮일 것을 뭐 하러 들춰내? 그냥 좋게 좋게 가지."

자신이 피해자가 되기 전까지는 이런 식으로 방관하는 것을 당연하게 여겨. 그러면서 피해자가 되었을 때는 남 탓을 하지.

사람은 누구나 '잘되면 내 덕, 잘못되면 남 탓'이라고 생각하는 경향이 있어. 성공에 대한 공은 자기 몫으로 돌리고 실패에 대한 책임은 지지 않으려고 하지. 이를 자기 위주 편향이라고 해. 성적을 잘 받으면 자신이 열심히 노력해서 그 점수를 받았다고 생각하지만 성적이 떨어지면 이상한 선생님이 말도 안 되는 문제를 내서 실패했다고 불평하는 것도 자기 위주 편향이야. 안전사고 피해 사건이 나면 피해자의 부주의를 원인으로 지목하다가 정작 자신이 그런 사고를 당하면 다른 원인부터 찾고 책임을 돌리는 것도 마찬가지야.

자기 위주 편향은 자아를 보호한다는 장점이 있지만, 정도가 너무 심하면 사실을 왜곡해. 일을 시작하기도 전에 실패할 경우 쏟아질 비난에 대한 변명거리를 찾아 놓기도 해. 시험 전 "난 몰라. 어제 잠을 제대로 못 자서 정신이 몽롱해" 하면서 핑곗거리를 대는 것처럼 말이야. 이는 인간의 자연스러운 성향이야. 하지만 이 성향이 심해지면 죄를 지어 놓고도 마치 자신이 피해자인 것처럼 "어렸을 때 제가 학대를 받아서"라고 변명하는 지경에 이르게 돼. 가해자 동정론을 형성하는 거야.

도덕 판단 교육이 필요해

가해자를 당당하게 만드는 사회 분위기를 바꾸려면 어떻게 해야 할까? 모든 사람이 피해자가 되어서 억울함을 겪어야 할까? 그러려면 그만큼의 범죄가 일어나야 해. 다른 방법을 찾아야겠지.

사회 구성원이 도덕적으로 올바른 판단을 할 수 있도록 나라에서 교육을 해야 해. 미디어를 통해 적극적으로 홍보도 하고. 그럼 학교 폭력 가해자 부모가 "애들끼리 장난치다가 좀 다친 것 가지고 요란 떨지 마라"라고 당당하게 말하는 일이 줄어들 거야. 물론 아빠도 알아. 뻔한 대안이라는 거. 하지만 지금까지 제대로 실행된 적 없는 방법이기도 해.

아빠는 "어떻게든 남을 이겨야 한다"라는 말을 들으며 자랐어. 내가 세상의 중심이 되어야 하고 다른 사람을 깔아뭉개 먹잇감으로 만들어야 한다는 식의 교육을 받았지. "감정에 휘둘리지 말고 목표를 향해 돌진해야 한다"라는 말도 들었어. 이는 사이코패스 맞춤형 교육이나 다름없어. 그런 교육을 받으며 자란 사람들이 어른이 되어 사회를 이루고 자식을 낳아 비슷한 메시지를 전달하고 있지.

이제는 새로운 교육을 해야 해. 아이들이 제대로 된 교육을 받고 부모의 잘못을 지적하도록 해야 해. 가해자를 두둔하며 2차 가해를 저지르는 사람이 당당하게 목소리를 높일 수 없는, 망신을 당해 자기 잘못을 깨달을 수 있는 사회를 만들어야 해.

자기 위주 편향을 줄여 나가는 것도 방법이야. 이기적으로 자신만을 생각하는 자기 위주 편향에서 벗어나려면 '나'를 벗어나 좀 더 큰 틀에서 세계를 바라볼 수 있어야 해. '우월한 나'가 '열등

가해자에게 관대하고
피해자에게 엄격한 세상에서
살고 싶지 않아.

사람들의 도덕 판단력이
높아지면 지금보다 나은
세상이 될 거야.

한 너'를 마음대로 다룬다는 식의 사고방식에서 벗어나기 위해 '우리'를 많이 체험해야 해. 그러면서 자신의 말을 상대방이 어떻게 받아들일지 그의 입장에서 생각하는 습관을 들이는 거야. 학교에서 학생들에게 조별 과제를 내고 지방자치단체에서 다양한 공동체 모임을 만드는 이유이기도 해.

청소년은 뭘 해야 할까? 문제가 생겼을 때 방관하지 말고 주위에 알려야 해. 무기명으로 신고하는 제도도 있으니 자신을 밝히기 곤란한 상황이어도 알릴 수 있어. 단체 활동에 적극적으로 참여하는 것도 좋아. 그러면서 사람들의 다양한 입장을 이해하고 공감하며 소통하는 훈련을 하는 거야.

아빠는 너희가 바람직한 교육을 받고 지금의 어른들보다 나은 어른이 되어서 세상에 올바른 메시지를 전달하는 사람이 되면 좋겠어. 아빠도 노력할게.

나도 데이트 폭력을 당하면 어쩌지?

#데이트 폭력 #점진적 접근법 #분노 조절 장애

#나쁜 남자 콤플렉스 #사회 안전망

🏠 규리의 질문

나 상일이랑 이번 주 토요일에 같이 홍대 놀러 가기로 했어. 너무 기분 좋아서 친구들한테 자랑했거든? 그런데 애들이 최근 포털사이트에 뜬 데이트 폭력 사건 기사를 보여 주면서 나보고 조심하라는 거야. "사랑 속 모른다. 훅 바뀐다"라는 친구의 말에 화가 나면서도 한편으론 불안해졌어.

데이트 폭력이 기사화되어도 어떤 사람이 데이트 폭력을 저지르는지, 데이트 폭력을 당했을 때 어떻게 대응해야 하는지는 잘 안 나오잖아. 그래서 어떻게 대비해야 할지 모르겠어. 애인에게 맞으면서도 그와 헤어지지 않고 오히려 "평상시엔 좋은 사람이에요"라고 말하는 경우도 있잖아. 그게 내 이야기가 될까 봐 불안해.

아빠, 상일이가 데이트 폭력을 저지르는 애면 어쩌지? 그전에 어떻게 알아채지? 일단 토요일에는 홍대로 나갈 생각이야. 상일이가 진짜 날 존중하는지 관찰할 거야. 그런데 어떻게 확인하면 좋을까? 뭐든 말해 줘. 관심법으로 꿰뚫어 봐야 한다는 거 말고!

상일이라……. 내가 한국에 있을 때 들었던 이름과 다른데? 아빠처럼 이름에 '남'자가 들어갔었는데……. 아무튼 그건 넘어가기로 하고.

아빠는 규리가 멋진 애인을 만나서 행복하기를 바라. 그런데 간절히 바란다고 해서 좋은 일만 생기는 건 아니겠지. 데이트 폭력을 저지를 만한 나쁜 사람, 또는 나쁜 상황을 피할 구체적인 방법도 생각해 봐야 해.

너는 데이트 폭력의 형태로 구타 정도를 이야기했지만, 상대방의 물건을 부수거나 상대방을 감금하거나 강간을 하거나 살인을 저지르는 경우도 있어. 심지어 상대의 가족까지 죽이는 일도 심심치 않게 벌어지고 있어.

신체적으로 해치는 데이트 폭력만 있는 것도 아니야. 심리적인 폭력도 있어. 폭언을 하거나, 자신을 떠나면 가만두지 않겠다며 협박하거나, 마음대로 지배하려고 하거나, 종일 감시를 하는 식으로 심리적 안녕을 해치는 폭력도 있어. 생각만 해도 무시무시하지?

무서울 땐 어떻게 해야 할까? 네가 무서워하는 뱀을 예로 들어 보자. 뱀을 일부러 자꾸 만나면서 마음을 단련시켜야 할까, 뱀과 맞닥뜨릴 상황을 피해야 할까? 어느 것이 심신 안정에 더 도움이 될까? 일단 피해야겠지?

마음을 단련시킨다 해도 공포에 적응하도록 단계를 두는 것이 좋아. 심리학자들은 점진적 접근법을 추천해. 공포의 대상인 살아 있는 뱀부터 바로 마주하는 것이 아니라 뱀 모양의 귀여운 털 인형부터 보고 그다음 고무로 된 뱀 인형, 그다음 크기가 작고 예쁜 뱀을 보는 식이야. 어느 정도 적응이 되면 만져 보기도 하고. 그렇게 점점 더 큰 뱀을 마주하면서 나중에는 어떤 뱀을 봐도 아무렇지 않도록 단계적으로 접근하는 것이지.

그런데 잠깐, 이렇게 단련하면서까지 데이트 폭력을 견딜 필요가 있을까? 과연 행복할까? 데이트 폭력의 기미가 조금이라도 있는 사람은 피하는 게 현명한 선택일 거야.

데이트 폭력 가해자의 세 가지 특징

데이트 폭력은 앞에 붙은 '데이트'라는 말 때문에 복잡해 보일 뿐, '폭력'에 중심을 두고 생각하면 단순해. 폭력 싫지? 평화롭게 해결할 수 있는데 군이 폭력을 쓰고 싶지 않지? 폭력을 당하고 싶지도 않지? 폭력을 방관하고 싶지도 않고. 너뿐만 아니라 사람들은 대부분 폭력을 싫어해. 최대한 폭력과 멀어지고 싶어 하지. 그런데 그 앞에 '데이트'라는 말이 붙으면 좀 헷갈려 해. 가해자는 "사랑해서 그런 거다"라고 말하고, 피해자는 "평소에는 참 좋은 사람이다"라고 말하고, 방관자는 "남의 애정 문제에 굳이 끼어들어야 하느냐"라고 말하지.

우선 가해자의 말부터 따져 보자. 사랑하니까 때린다? 부모가 교육을 위해 자식에게 사랑의 매를 드는 것처럼? 더 잘되라는 뜻에서 잔소리를 하듯 스트레스를 준다? 일단 연애 상대는 자식이 아니야. 동등한 주체지. 부모가 자식에게 매를 드는 것 역시 사랑인지 지배욕인지 화풀이인지 따져야 하잖아. 상대방보다 높은 위치에 있다고 생각해서 마음대로 조종하는 것은 사랑이 아니라 지배욕이야. "사랑하니까 때린다"라는 말은 전혀 맞지 않아.

데이트 폭력 가해자는 처음부터 폭력을 쓸까? 아닐 거야. 자신을 좋아하게 만든 다음에 폭력을 가하겠지. 피해자가 되지 않으려면 그전에 세 가지 특징을 잘 살펴야 해. 첫째, 그의 말과 행동에 나를 존중하는 마음이 들어 있는지, 둘째, 지배욕이 있는지, 셋째, 분노 조절을 잘하는지 알아야 해.

존중하는 마음이 진짜 있는지 어떻게 아느냐고? 처음에는 마음에 들기 위해 잘해 줄 텐데? 맞아. 그러니 그냥 잘해 주는 것과 존중하는 마음을 꼼꼼하게 구별해야 해.

함께 식당에 갔는데 너한테 묻지도 않고 네가 먹을 음식을 주문한다면, 존중하는 마음이 있는 걸까?

"내가 다 알아서 할 테니 너는 즐기기만 해."

아무리 달콤한 말로 포장해도 이런 태도에는 존중하는 마음이 담겨 있지 않아. 네 취향을 파악할 충분한 시간이 있었던 것도 아니라면 더욱 이런 자세는 옳지 않아. 이벤트를 하더라도 네 의사를 파악하고 준비해야지.

'내가 너를 좋아해서 준비한 것이니 너는 좋아해야 한다'라는 생각은 사랑도 아니고, 존중하는 마음도 아니야. 강요일 뿐이지. 이렇게 생각하는 사람은 자신의 노력을 알아주지 않는다는 생각이 들면 분노를 느껴. 언젠가 폭발하지. 반드시 그전에 피해야 해. 혹시 그런 사람이 너를 따라다닌다면 폭발물 처리반인 경찰을 불러야 해.

사랑과 지배욕은 어떻게 다를까?

데이트 폭력 가해자들은 지배욕이 매우 강해. 그럼 지배욕이 강한 사람인지, 약한 사람인지 어떻게 알 수 있을까? 너에게 잘해 주는 사람은 지배욕이 없는 걸까? 노예 주인들 중에도 노예에게 잘해 준 사람은 있었어. 매질도 하지 않았지. 하지만 노예를 해방한 것은 아니야. 잘해 주면서 지배했어. 그러니 잘해 주는 것만 가지고 판단하면 안 돼. 너를 얼마나 자유롭게 놔두는지 봐야 해. 사랑이라는 이름으로 너의 모든 것을 통제하려 하면 지배욕이 있는 거야.

데이트 상대가 네게 "학원에서 별일 없었어?"라고 묻는다면 지배욕일까? 아니야. 그건 관심이야. 사랑하면 당연히 갖게 되는 관심. 그런데 네가 "친구들과 온종일 돌아다녀서 피곤해. 나중에 말할게"라고 했는데 "그 애들과는 재미있게 놀면서 나랑 이야기하는 건 싫어?"라고 한다면? 그건 지배욕이야. 너를 자유로운 인격체로 존중하지 않고 자신이 원하는 대로 행동하기를 바라는 거니까. 말하고 싶을 때 말할 자유, 다른 사람들과 어울릴 자유를 인정하지 않고 마치 노예 주인처럼 구속하는 거야.

지배욕은 사귀기 전에도 파악할 수 있어. 전반적인 집착 성향으로도 짐작할 수 있거든. 예를 들어 반려동물을 자유롭게 두는 것보다 자신의 명령에 로봇처럼 따르는 것을 더 좋아한다면 지배욕이 강하다고 할 수 있어. 자신의 물건에 강한 애착을 보이면서 다른 사람에게 빌려주는 것을 극도로 싫어하는 경우도 마찬가지야. 물건에 대한 애착을 인간에게 적용한 것이 바로 지배욕이거든. '덕질'을 하더라도 남과 잘 나누는 사람이 있고 남과 절대 나누지 않는 사람이 있는데, 그 차이는 지배욕에서 와.

지배욕이 있는 사람은 네 자유를 인정하지 않기 때문에 마음대로 약속을 취소하고 일정도 바꿔. 노예의 사정을 살피면서 일 시키는 주인이 얼마나 있겠니. 이런 문제를 자주 일으킨다면 아무리 매력적인 사람이라도 멀어지려고 노력해야 해.

지배욕이 있는지 없는지 판단할 때는 절대적인 기준을 세워야 해. '다른 연인보다는 덜 간섭한다'와 같이 상대적인 기준으로 판단하면 안 돼. 다른 주인보다는 잘해 준다고 해서 가만히 받아들이는 노예는, 언젠가 태도가 바뀌어 포악해진 주인을 마주할 수도 있어. 왜 하필 기분 나쁘게 노예로 비유하냐고? 너의 주인은 너 자신이라는 걸 말하고 싶어서야. 사랑을 핑계 삼아 네 주인이 되려고 드는 사람은 너의 자유와 행복을 위해 쳐내야 해. 너를 태어나게 한 아빠와 엄마도 너의 주인이라고 생각하지 않아. 당연하잖아. 아무리 너를 사랑한다 해도 다른 사람은 너의 주인이 될 수 없어.

작은 일에도 크게 화를 낸다면

분노 조절을 잘하는지, 못 하는지는 어떻게 알 수 있을까? 다짜고짜 심리검사지를 들이밀며 응답하라고 한 다음 전문 기관에 보내서 결과를 확인해야 할까? 만약 이 방법을 쓴다면 굳이 검사지를 해석

사랑하면
구속하고 싶어지는 거
아냐?

늘 관심이 가는 건 당연해.
하지만 통제는
사랑이 아니야.

할 필요도 없을 거야. 분노 조절을 못 하는 사람은 심리검사지를 보자마자 화를 낼 테니까.

이보다 확실한 방법이 있어. 일단 대답해 봐. 분노는 좋은 것일까, 나쁜 것일까? 나쁜 것이라고? 땡! 아빠가 파 놓은 함정에 빠졌네? 뭐라고? 놀리는 것 같아서 화가 난다고?

분노는 인간이 살면서 느끼는 자연스러운 감정이야. 즐거운 상황에서 느끼는 기쁨만큼이나 당연한 감정이지. 문제는 분노를 과도하게 느끼고 표현하는 경우야. 방금 전 내 질문에 네가 분노를 느꼈다고 해도 한숨을 짓거나 어금니를 꽉 깨무는 정도였을 거야. 모니터를 때려 부술 기세로 치거나 키보드를 마구 두드리며 분노하지는 않았을 테지. 이렇게 분노를 적정선에서 표현하고 해소하는 건 정상이야.

분노 조절 장애가 있는 사람은 사소한 일에도 분노를 느끼고 심지어 증폭시켜. 브레이크 없이 질주하지. 장난스럽게 눈을 흘기며 지나갈 작은 일에도 고래고래 소리를 지르며 화를 내는 사람은 피하는 것이 좋아. 분노를 지속하는 시간이 너무 긴 사람도 마찬가지야. 시간이 지나도 분노를 사그라뜨리지 못하고 오히려 더 큰 분노를 표출한다면 분노 조절 장애가 거의 확실해. 처음에는 상대방에게 잘 보이고 싶어서 참겠지만, 참을수록 크게 터지게 되어 있으니 빨리 피해야 해.

다른 사람 또는 어떤 사건을 두고 화를 내는 모습도 잘 지켜봐. 응원하는 운동 팀이 경기에서 졌다며 계속 쌍욕을 하거나 물건을 부수며 분노를 표출하는 사람이라면 미련 없이 떠나야 해. 언젠가 '사랑하는' 너에게도 심리적, 물리적 폭력을 가할 테니.

가해자로부터 벗어나는 법

데이트 폭력 피해자들은 흔히 가해자를 두고 "평소에는 나한테 잘해요", "나를 사랑하는 것은 확실해요"라고 말해. 하지만 그건 착각이야. 아파도 사실을 직시해야 해. 사랑받고 싶은 마음이 강해서 현실을 부정하고 싶겠지만, 그 사람은 피해자를 폭력의 대상으로 보는 가해자일 뿐이야. 치명적인 전염병균을 가진 사람을 '그 병균만 없으면 건강한 사람'이라면서 가까이하면 어떻게 되겠어?

나쁜 남자 콤플렉스라는 개념이 있어. 착한 여자일수록 나쁜 남자에게 빠져서 헤어나지 못하는 현상을 뜻해. 그런데 '나쁜 여자 콤플렉스'는 없어. 왜 그럴까? 이 사회의 관습 때문이야.

여자는 아빠나 오빠에게 잘해 주면 착하다고 칭찬을 받아. 아니, 착함을 강요받아.

"오빠가 더 나이가 많으니까, 네가 밥 차려 줘."

"나이 어린 네가 오빠에게 양보해."

같은 논리라면 남자는 엄마나 누나를 위해 밥을 차려 주거나 양보해야 해. 하지만 현실은 달라.

"누나니까, 밥 차려 줘."

"나이 많은 네가 남동생에게 양보해."

남자에게 잘하는 여자는 "착하다"라는 말을 들으며 자라. 그렇게 '착한 여자'로 크다 보면 '착해야 하는 사람'이라는 정체성을 강하게 가지게 돼. 그래서 자신의 착함을 증명하려 나쁜 남자를 선택하지. 그들은 "왜 너같이 착한 사람이 그런 나쁜 놈을 만나니?"라는 질문을 들으면 옅은 미소를 지으며 이렇게 말해.

"불쌍하잖아."

상대를 불쌍한 사람이라고 생각해야 자신이 착한 사람이 되거든. 나쁜 놈이라고 생각하면 그런 놈에게 인생을 허비하는 한심한 사람이 되지. 그래서 계속 불쌍하다고 말해. 이 경우 '나쁜 놈'을 강조하는 것은 소용이 없어. '행복해야 하는 자신'을 강조해야 해. 그래야 피해자의 굴레에서 벗어날 수 있어.

데이트 폭력이라는 것을 알지만 상대가 너무 무서워서 벗어나지 못하는 경우도 있어. 그때는 경찰에게 신고를 해야 해. '일단 잘 알아듣게 설명하고 안 되면 신고해야지' 하며 개인적으로 해결하려 하지 말고, 단호하게 처음부터 공권력의 도움을 받아야 해. 일단 데이트 폭력 가해자인 게 확실해지면 그 사람은 개인적으로 상대할 사람이 아니라 '사회적 괴물'이야.

인지심리학자인 조지 레이코프George Lakoff의 이론에 따르면 언어는 사고의 틀, 즉 프레임frame으로 작용해. 가해자일 뿐인데도 '남자친구'라고 부르면 다정한 존재인 것처럼 생각하게 되는 거야. 그러니 명칭부터 바꿔야 해. '사회적 괴물', '가해자' 등으로. 그래야 데이트 폭력 가해자를 강력하게 처벌하는 것에 대한 반감이 줄어들어.

데이트 폭력을 방치하는 사회

데이트 폭력에 대한 사회적인 인식도 바뀌어야 해. 데이트 폭력 문제를, 그런 사람을 선택한 피해자 개인의 문제로 생각하지 말아야 해.

한국 사회는 "여자와 북어는 때려야 제맛이다"라는 끔찍한 말이 만들어져 쓰일 정도로 여성에게 가하는 폭력을 오랫동안 용인해 왔어. 이런 사회에서는 데이트 폭력을 '사랑 표현'으로 생각하며 아무렇지 않게 저지르는 사회적 괴물이 생기기 쉬워. 그러니 왜 하필 그런 인간을 사귀냐며 피해자에게 책임을 지우면 안 돼. 상한 음식이 넘쳐나는 세상에서 왜 하필 상한 음식을 먹었냐며 소비자를 탓할 수는 없잖아. 상한 음식을 파는 사람을 처벌하고 원인을 밝혀 예방해야지. 가해자를 만들어 내는 사회의 지도층이 책임감을 갖고 문제 해결에 나서야 해.

사회는 우리 한 사람, 한 사람이 모여 만들어진 것이기도 해. 이 문제를 해결하려면 데이트 폭력을 목격한 사람도 '남의 애정 문제에 끼어들지 말자'라고 생각하는 게 아니라 적극적으로 대응해야 해. 가해자를 물리적으로 제압하기 힘든 상황이라면 경찰에 신고해야 하지. 그래야 사회적으로 데이트 폭력을 엄하게 처벌하는 분위기가 만들어지고, 본인도 데이트 폭력의 피해자가 될 가능성이 줄어들어. 사회 안전망이 만들어지기를 기다리는 것이 아니라 스스로 안전망이 되기 위해 나서는 거야.

물론 사회 지도층에게 안전망을 만들어 달라고 요구하는 것도 필요해. 데이트 폭력 가해자를 강력하게 처벌해 달라고 요구하고, 지도자를 뽑을 때 그에 응하는 사람에게 표를 주는 거야. 정치인이 가장 무서워하는 것이 표심이니까. 적어도 나는 우리 딸들이 안전하게 사랑을 나눌 수 있는 환경을 만드는 데 도움이 될 사람에게 표를 줄 거야.

데이트 폭력 문제는 그 자체로만 끝나지 않아. 데이트 폭력에 무감한 사회는 다른 폭력 문제에 대해서도 속수무책이기 쉬워. 폭력에 대한 민감성이 떨어진다는 말이니까. 폭력 사건을 두고 "그런 일은 살면서 충분히 일어날 수 있어요", "알아서 해결해야 할 문제네요"라고 말하는 사람이 많아질수록 어린아이, 여자는 물론이고 남자도 더 힘센 남자, 잔인한 범죄자에게 당하기 쉬워져. 약육강식의 생존 원리만 있는 세상에서는 아무도 행복할 수 없어.

데이트 폭력을 당할까 봐 무섭다면 결국 적극적으로 대응해야 해. 움츠리기만 하면 연애도 못 하고, 사회도 달라지지 않아. 연애에는 계속 도전하고, 폭력은 단호하게 거부해야 해. 그렇게 현명하게 대응하며 행복하게 사랑하기를 바랄게. 우리 딸의 이번 연애는 얼마나 갈지 모르겠지만.

살찔까 봐
무서워서 못 먹겠어

#다이어트 #조명 효과 #자아 정체성

#자존감 #성형수술 #자기 대상화

🔺 규린의 질문

나 요즘 다이어트 해. 밥을 반 공기씩만 먹고 있는데, 그런데도 살찔까 봐 무서워. 분명 아빠는 "우리 딸 살 안 빼도 돼!" 하겠지? "그 나이 때 먹는 건 다 키로 간다", "먹는 모습이 복스럽다"라고 하면서……. 근데 솔직히 그게 무슨 상관이야. 살 빼야지. 사이즈 상관없이 예쁜 옷 마음껏 입고 싶어. 그리고 무엇보다 주눅 들기 싫어. 친구들이랑 수다 떨다가 살 이야기가 나오잖아? 그러면 애들이 은근슬쩍 날 놀려. 그럴 때마다 진짜 기분 나쁜데, 뭐라고 말을 못 하겠어. 내가 무슨 말을 하겠어. 딱 봐도 내가 걔네보다 뚱뚱한데……. 자꾸 놀림을 당하니까 이제 거울도 보기 싫어.

　더이상 살 때문에 우울해하기 싫어. 한편으로는 무릎 위로 올라오는 옷도 그냥 막 입고 싶고, 먹고 싶은 음식들 마음껏 먹고 싶어. 그런데 이 몸으로 짧은 옷을 입으면 사람들이 뭐라고 생각하겠어? 먹는 대로 늘어날 몸무게는 또 어떻고. 매일 벽 사이에 끼어 있는 느낌이야. 살 빼면 빠져나갈 수 있는 벽. 이런 내가 미련하게 느껴지긴 하는데…… 어찌해야 할지 모르겠어.

너 혹시 아빠 다이어트 하라고 은근히 압박하는 거 아니지……?

물론 살찐다는 것은 걱정할 일이야. 계속되면 비만으로 이어지고, 비만하면 질병이 생기니까. 심혈관 질환, 위장 질환, 대사 증후군, 폐 질환, 골관절 질환, 당뇨병 등이 발생할 가능성이 커져. 이뿐만이 아니야. 심리적인 문제도 생겨. 비만하면 친구들에게 놀림을 받아 자신감을 잃고 우울해질 수 있어. 스트레스 때문에 공부에도 집중하기 어렵고.

그런데 이런 고민을 하기 전에 먼저 확인해야 할 게 있어. 우리 규린이는 지금 비만인 걸까? 아니야. 살쪄서 비만이 될까 봐 무서운 거잖아. 그런데 아빠는 네가 무서워하는 게 더 무서워. 왜냐고? 아빠가 아무리 아니라고 말해도 너는 뚱뚱하다고 생각할 테니까. 뚱뚱하다고 착각해서 식사량을 줄이면 영양분이 부족해져서 제대로 성장하지 못해. 그뿐만 아니라 활기를 잃어 비만한 사람 못지않게 우울해질 거야.

비만 때문이 아니라 예뻐 보이지 않을까 봐 무서운 거라고? 그것도 문제야. 역시 왜곡이니까. 아름다움의 기준은 상대적이야.

조선 시대 사람들은 달덩이처럼 동글동글한 얼굴을 예쁘다고 생각했어. 지금과 다르지. 아시아인과 아프리카인이 생각하는 미의 기준도 서로 달라. 그럼에도 너는 절대적인 기준이 있다고 생각하는 것 같아.

네가 생각하는 아름다움은 길고 마른 서양 여성의 모습일 거야. 그런데 서양에서도 그 기준이 왜곡되었다며 비판하는 목소리가 나오고 있어. 너무 마른 모델은 패션쇼에 서지 못하게 하고 플러스 사이즈 모델을 세우는 것도 이런 문제의식에서 비롯된 변화야.

사람들은 남에게 별로 관심이 없다

물론 변화는 더디게 일어나고 있어. 의류업계는 여전히 작은 사이즈의 옷을 만들어서 그 옷을 입은 사람으로 하여금 스스로를 뚱뚱하다고 여기게 해. 분명한 왜곡이지. 화장품 광고, 패션 광고도 마찬가지야. 서구적인 외모의 마른 사람을 모델로 등장시킴으로써 현실을 왜곡해. 이러한 광고를 본 사람들은 주변에서 쉽게 볼 수 없는 외모의 모델이 작은 옷을 입고 있는 모습을 보며 미의 기준을 내재화해. 이는 절대적인 기준처럼 보이기에 어떻게든 맞추려고 노력하지. 하지만 그 늪에서 빨리 나와야 해. 아무리 많은 사람이 빠지는 유혹이라도 아닌 것은 아닌 것이고, 피해야 할 것은 피해야 할 것이니까.

청소년기에는 몸이 빠르게 변해. 이차성징이 이뤄질 뿐만 아니라 키도 크고 몸무게도 늘지. 당연한 과정이야. 네가 당연하다고 생각하는 미의 기준과 당연한 변화 끝에 만들어진 네 몸의 모습이 다르다면, 네 몸이 아니라 미의 기준이 잘못된 거야.

사람들이 너만큼 네 몸에 신경 쓸 것이라 생각하며 민감해하는 것은 좋지 않아. 사실과도 맞지 않지. **조명 효과**라는 것이 있어. 연극 무대에서 조명을 받는 배우처럼 자신이 사람들의 관심을 집중적으로 받고 있다고 착각하는 현상을 뜻해. 실제로는 전혀 그렇지 않은데 사람들이 자신의 외모와 행동을 지켜보며 사소한 변화까지 알아차릴 거라고 생각하는 거야.

이 효과에 관한 재미있는 실험이 있어. 미국 코넬대학의 토머스 길로비치Thomas Gilovich 교수는 학생들에게 민망한 그림이 그려진 티셔츠를 입힌 뒤 같은 공간에 있는 다른 사람들이 어떤 반응을 보이는지 알아보는 실험을 했어. 티셔츠를 입은 학생들은 적어도 50퍼센트의 사람들이 티셔츠를 눈여겨보고 안 좋게 판단할 것이라 예상했어. 하지만 그 티셔츠의 존재를 알아챈 사람은 20퍼센트도 안 됐어. 그나마도 부정적인 평가를 한 것이 아니라 그냥 알아차렸을 뿐이야.

전날 과식을 해서 얼굴이 좀 부었다고 치자. 누군가가 이를 알아차렸다고 해도 단번에 비만이라며 부정적인 평가를 내리지는 않아. 애초에 얼굴이 부어 있음을 알아차리는 사람도 적을 테고. 아무도 부정적인 평가를 내리지 않는데 혼자 스트레스를 받는다니, 우습지 않니?

비슷한 경우는 많아. 옷에 음식물이 튀었을 때도 본인은 민망해하며 감추려고 애쓰지만 정작 다른 사람들은 얼룩은커녕 무슨 옷을 입었는지도 눈여겨보지 않는 경우가 많아. 길에서 넘어졌을 때도 본인만 부끄러워할 뿐 대부분의 사람은 눈길조차 주지 않고 가던 길을 가. 너도 아빠가 한 실수들을 전부 기억하지는 않잖아.

모든 사람은 자기 인생의 주인공이야. 자신만의 무대를 가지고 있지. 하지만 매일 사람들의 주목을 받는 것은 아니야. 왜냐고? 각자 자신의 무대에서 주인공 역할을 하느라 바쁘거든. 이런 현실을 받아들이면 사람들의 시선에 덜 예민해질 수 있어. 사람들의 시선이 너무 의식되면 조명 효과를 떠올리며 마음을 다스려 봐. 그게 정신 건강에 좋아.

상상이 만들어 내는
두려움

아빠가 청소년을 몰라도 너무 모르는 거라고? 아니야. 아빠도 한때 청소년이었잖아. 나도 짧은 머리를 이리 넘기고 저리 넘기면서 혼자

신경 썼어. 외모에 신경 쓰는 것은 당연해. 다만 과도하게 하지 말라는 거야. 살은 찌지도 않았는데 다른 사람 눈에 살쪄 보일 수 있다며 스트레스를 받을 필요는 없잖아.

아직 살찌지 않았다는 것은 너도 알고 있다고? 그냥 살찔까 봐 두려워하는 거라고? 아, 알았어. 그럼 관점을 바꿔서 다시 말할게. '살' 말고 '두려움'으로 말이야. 두려움이란 뭘까?

공포에는 구체적인 대상이 있어. 뱀 공포증, 고소 공포증, 밀실 공포증처럼 각각의 대상이 있지. 하지만 두려움은 달라. 두려움에는 대상이 없어. 그저 무엇이 어떻게 될지 모른다는 사실 때문에 두려운 거야. 구멍 뚫린 종이 상자에 손을 집어넣을 때 두려운 것도 상자 안에 무엇이 있을지 몰라서잖아. 온갖 무서운 상상을 하게 되지. 특정 대상이 아니라 그 상상, 무엇이 있을지 모른다는 사실 때문에 스트레스를 받는 거야.

살에 대한 두려움도 마찬가지야. 살쪘을 때 벌어질 수 있는 안 좋은 일들에 대한 상상, 그리고 어떤 일이 일어날지 모른다는 사실 때문에 스트레스를 받는 거야(이번에는 아빠가 맞혔지? 에헴, 아빠가 돌팔이 심리학자는 아니라니깐).

그런데 생각해 봐. 안 좋은 일이 벌어졌을 때 너는 아무것도 안 하고 있을까? 만약 손을 집어넣은 종이 상자 안에 네가 싫어하는 벌레가 있었다고 치자. 그러면 너는 '아, 내 운명이니 평생 이 벌레를 붙잡고 살아야겠구나'라고 할까? 아니면 바로 손을 뺄까? 네가 싫어하는 상황이 벌어지면 너는 어떻게든 대처할 거야. 그게 사람이야. 상황이 벌어지는 것 자체는 어찌할 수 없더라도 말이야.

만약 살이 찐다면 너는 살을 빼기 위해서 노력할 거야. 네가 두려워하는 만큼 열심히. 그게 쉽냐고? 쉽지는 않지. 아빠도 알아. 하지만 불가능한 일은 아니잖아. 너는 살을 뺄 수 있어. 세상에는 살찐 사람도 있지만, 놀라울 정도로 살을 뺀 사람도 있잖아. 네가 두려움에 휩싸이는 것은 네가 아무것도 통제하지 못해 극단적인 결과가 일어날 것이라고 믿기 때문이야. 하지만 브레이크는 얼마든지 있어.

타인의 눈으로
자신을 평가하다
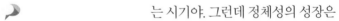

청소년기는 자아 정체성이 형성되는 시기야. 그런데 정체성의 성장은 눈에 잘 보이지 않아. 이와 달리 외모는 변화를 바로 확인할 수 있어. 자기 자신과 다른 사람 모두. 그래서 청소년기에는 외모에 특히 신경을 써. 스스로 잘생겼다는 생각이 들면 자존감이 높아져서 행복감을 더 많이 느껴. 자존감은 '자신을 존중하는 마음'이야.

행복감을 더 많이 느끼기 위해 성형수술을 하기도 해. 2016년 경북대학 의학전문대학원 정호영 교수 팀의 연구 결과를 보면 대학 입학 전 성형수술을 받은 학생의 비율이 여학생 28.9퍼센트, 남학생 2.5퍼센트야. 또 여학생 16.5퍼센트, 남학생 3.9퍼센트는 성형수술을 고려하고 있다고 답했어.

〈2013 서울특별시 아동·청소년 정책지표〉에 따르면 서울에 거주하는 아동, 청소년의 가장 큰 고민은 '외모·키·몸무게'라고 해. 자그마치 절반이 넘는 52.7퍼센트가 가장 큰 고민으로 외모를 꼽았어. 심지어 자신의 외모를 비관해서 자살하는 청소년들도 있어. 안 그래도 청소년기에는 급격한 신체적, 정신적 변화로 정서가 불안한데 외모 고민까지 겹쳐 스트레스가 극에 달한 거야. 자신의 신체에 대해 긍정적인 이미지를 갖는 것은 정말 중요해.

네가 이 세상에서 제일 예쁘다고 말하고 싶은 것은 아니야. 실제보다 못생겼다고 생각하는 것이 왜곡이듯이, 실제보다 예쁘다고 생각하는 것도 왜곡이야. 왜곡된 생각으로는 진정한 행복을 만들 수 없어. 아빠는 청소년기의 특성을 더 잘 이해하라고 말하고 싶어. 배우들을 봐. 청소년일 때 아주 예쁘고 멋졌는데 점점 못나지는 경우도 있잖아. 청소년기의 외모는 완성된 상태가 아니야. 그리고 무엇보다, 자신만의 매력을 발전시킬 여지가 많아.

성형수술을 통해 외모를 변화시키는 것도 자신의 신체 이미지를 왜곡하는 일이야. **자기 대상화**라는 개념이 있어. 여성을 외모로 평가하고 성적으로 묘사하는 대중매체에 노출된 여성들이 이

친구들이 외모
지적을 할 때마다
의기소침해져.

친구들 의견도 중요하지만,
외모 이야기만큼은
둔감해져야 해.

를 내면화함으로써 자신을 외모로 평가받는 대상으로 인식하는 거야. 행복을 누릴 주체로서의 자기가 아니라 사람들의 평가 대상으로서의 자기를 더 따지는 거지. 아무리 좋은 평가를 받는다 해도 주체로서의 자기를 더 성장시키지 않으면 행복할 수 없어.

누군가 네게 "옆구리 살이 없으면 좋겠어"라고 하면 지방 제거 수술을 하고, "코가 너무 낮아"라고 하면 코 수술을 하는 식으로 계속 남의 평가에 끌려다니며 살면 행복할까? 사람들에게 부정적인 평가를 받을까 봐 불안해질 거야. 계속 긴장된 상태로 사는 것이지. 부정적인 평가가 예상되는 부위를 감추기 위해 대인관계 자체를 피할 수도 있어. 이처럼 자신의 외모를 수치스럽게 생각하다 보면 점점 우울해져. 성형수술로 외모를 바꿔도 우울해지는 거야. 과도한 운동, 과도한 금식, 과도한 약물을 통해 체중 조절을 하는 것 역시 스트레스가 되기에 우울해질 수밖에 없어.

지금의 모습에서 가치 찾기

청소년기는 발달 과정상 또래집단의 영향을 많이 받아. 부모의 말보다는 또래 친구의 말에 더 마음을 빼앗기지. 그게 당연해. 하지만 외모에 관한 또래 친구의 말에는 둔감해지려 노력해야 해. 특히 부정적인 말에 대해서는. 그리고 너만의 기준을 세우려 노력해야 해.

"얼굴은 못생겼지만 마음은 예뻐"라는 말을 듣기 위해 노력하라는 말이 아니야. 부정적인 평가를 받을 요소가 있어도 거기에 너무 사로잡히지 말고 긍정적인 평가를 받을 요소를 부각하기 위해 노력하라는 말이야. 아빠는 네가 신체 이미지를 왜곡하지 않았으면 좋겠어.

외모는 청소년기의 자존감과 연관이 있다고 했지? 외모에 만족할수록 자존감도 높아진다고 말이야. 그럼 자존감이 높은 사람은 외모에 얼마나 신경을 쓸까? 사람들의 부정적인 평가에 신경을 쓸까? 아빠가 무슨 말을 하려는지 감이 오지? 살 때문에 자존감이 낮아졌다면 살을 빼는 것도 필요해. 하지만 가장 확실한 해결책은 정신적으로 자존감을 높이는 거야. 자존감이 높으면 어려운 일이 닥쳐도 당당히 맞서 행복을 지켜 낼 확률이 높아지거든.

그렇다면 자존감은 어떻게 높일 수 있을까? 심리학에서 자존감은 구체적으로 '자신이 사랑받을 만한 가치가 있는 소중한 존재고 어떤 성과를 이뤄 낼 만한 사람이라고 믿는 마음'을 뜻해. '사랑받을 만한 가치가 있다'와 '성과를 이뤄 낼 만하다' 모두 객관적인 평가는 아니야. 자신이 내리는 주관적인 평가지. 그래서 착한 행동을 잘하면서도 스스로는 그렇지 않다고 생각해서 자존감이 낮아지는 경우도 있고, 공부를 잘하면서도 스스로는 못한다고 생각해서 자존감이 낮아지는 경우도 있어. 실제의 자기를 낮게 평가하거나 목표를 너무 높게 잡아서 생기는 일들이야.

뉴스에 나오는 미담의 주인공과 자신을 비교하며 착함의 기준을 따지는 사람이라면, 스스로 사랑받을 가치가 있는 소중한 존재라고 생각할 가능성이 클까, 부족한 존재라고 생각할 가능성이 클까? 우등생일 뿐인 지금은 빨리 벗어나야 할 부끄러운 모습이고 전국 1등을 해야 진짜 자신이 된다고 생각하는 사람이라면, 자존감이 높아질 수 있을까?

눈치 챘지? 자존감의 핵심은 현재 자신의 모습에서 사랑받을 만한 가치를 찾는 거야. 목표를 이룬 미래의 모습이 아니라. 그런데 이런 자존감은 자란 환경의 영향을 많이 받아. 가족으로부터 사랑받지 못한 사람은 스스로 소중한 존재라는 생각을 하기 어려워. 상처되는 말을 많이 듣고 자란 사람은 그 말 속의 자신을 진짜 자기라고 생각해서 스스로를 미워하기 쉽지. 어릴 때 받는 사랑이 자존감 형성에 중요한 영향을 끼쳐.

자아 정체성의
힘

그런데 위인전에는 이와 다른 이야기도 나와. 상처받았음에도 멋진 삶을 산 사람들 말이야. 말하고 듣고 보는 데 장애가 있었던 헬렌 켈러Helen Keller를 가르친 앤 설리번Anne Sullivan도 그래. 가족에 의해 정신병원에 감금되는 등 힘든 삶을 살았지만 멋진 선생님이 되었지. 어떻게 그럴 수 있었냐고? "너는 정상이 아니야. 이상해"라는 말에도 흔들리지 않도록 자아 정체성을 확실히 세웠어. '나처럼 힘든 사람을 돕는 교사가 되자'라는 목표를 세웠지. 힘든 사람을 돕는 건 가치 있는 일이지? 그 일을 하는 사람은 존중받을 만한 사람이고. 덕분에 설리번은 자존감을 지킬 수 있었어.

설리번은 '나는 어떤 사람이었고, 어떤 사람이고, 어떤 사람이 되고 싶다'라는 자아 정체성을 확립함으로써 자존감을 높였어. 그렇게 높인 자존감을 동력 삼아 자신의 첫 제자인 헬렌을 지도했지. 그러면서 '훌륭한 교사'라는 자아 정체성도 강화했어. '자아 정체성 확립, 자존감 향상, 자아 정체성 확립'의 연결 고리가 보이지?

자아 정체성을 확립하려면 다른 사람들이 좋아하는 것만 찾으면 안 돼. "안정적으로 먹고살려면 교사가 되어야 해"라는 말 때문에 교사가 되기로 한 사람이 설리번처럼 자아 정체성을 확립하고 자존감을 높일 수 있을까? '자아' 정체성이잖아. 자신이 원하는 것을 먼저 찾아야 자존감도 높일 수 있어.

그리고 자존감을 높이겠다며 현실을 왜곡해서는 안 돼. 힘이 없는데도 억지로 '나는 힘이 세다'라고 생각하거나, 공부를 못하는데도 '나는 충분히 잘한다'라고 생각하면 발전이 없어. 힘이 없으면 없다고 인정해야 강해지기 위해 도전하고, 공부를 못하면 못

한다고 인정해야 잘할 방법을 찾게 되지. 설리번은 과거의 힘든 삶을 부정하지 않았어. 그래서 '나처럼 힘든 사람을 돕고 싶은 사람'이라는 현재의 자신을 만들고, '그들을 돕는 교사'라는 미래의 자신을 만들었지. 그리고 자신뿐만 아니라 자신의 학생도 세계적인 위인으로 성장시켰어. 자존감은 이렇게 인간의 발달에 중요한 역할을 해.

여기서 다시 질문. 자신의 외모에 만족하지만 스스로를 나쁜 사람이라고 생각하는 사람은 자존감이 높을까? 아니겠지? 거듭 말하지만 스스로 존중받을 만한 가치가 있다고 인정해야 자존감이 생겨. 물론 외모도 그 가치 중의 하나일 수 있어. 하지만 다른 것도 많아. 리더십이 있는 사람은 존중받을 만한 가치가 있는 걸까? 당연히 있지. 갈등을 중재할 줄 아는 사람은? 다른 사람을 잘 돕는 사람은? 남의 이야기를 잘 들어 주는 사람은? 부정적인 평가를 들어도 당당한 사람은 어떨까? 이렇듯 존중받을 만한 가치들은 정말 많아.

아직 완성되지도 않은 외모에만 신경을 쓰면 결국 자존감이 떨어져 내면의 행복을 얻을 수 없어. 외모는 계속 변하고, 언젠가는 늙기 마련이니까. 이미 늙었고 외모도 별로인 아빠지만 너도 아빠에 대해 인정하는 면이 있지 않니? 그건 내가 다른 아빠들보다 잘생겼거나 날씬해서가 아니라(물론 그러기를 바라는 마음도 조금은 있지만) 아빠만의 정체성이 있기 때문일 거야. 아빠는 다양한 가치를 고민하고 실행하는 나 자신을 인정해. 통통하든 말랐든 아빠가 너를 사랑하고 인정하듯이, 너도 네 기준을 세워 너 자신을 사랑하고 인정하기를 바라. 네게는 가진 것과 가질 것이 아주 많으니.

성차별 없는 세상이 과연 올까?

#성차별 #시뮬레이션기법

#가부장 사회 #회복 탄력성 #퀵 윈

🏠 규리의 질문

고등학교 2학년이 되니 슬슬 진로 고민이 돼. 애들도 그 귀한 쉬는 시간에 선생님이랑 일대일 면담을 하더라고. 근데 난 사실 그것보다 나중에 취직하고 사회생활 할 일이 더 걱정돼. 대학은 들어간다고 쳐도(물론 힘들겠지만) 졸업하고(이것도 힘들수 있겠지만) 취직 못 해서 백수로 살면 어쩌지?

그뿐만이 아니야. 진짜 열심히 준비해서 취직한다고 쳐(정말 힘들겠지만). 성차별은 어쩔 건데? 청년 실업률만큼 심각한 게 직장 내 성희롱, 임금 차별이라잖아. 여자는 남자보다 연봉도 덜 받고, 승진도 잘 안 된다고 하던데. 만약 내가 그런 일을 겪으면……, 어떡하지? 만약 그 문제에 대해 아무 목소리도 내지 못한다면? 이런 생각 때문에 요즘 정말 머리가 복잡해.

대학 간다고 다 해결되는 게 아닌데, 선생님은 자꾸 대학 가면 모든 걱정이 끝난다고 해서 답답해. 선생님이 "고생 끝, 행복 시작"이라고 말한 대학생 언니, 오빠 들을 봐도 다들 취직 걱정 때문에 힘들어해. 특히 언니들은 성희롱당할까 봐, 임금 차별을 당할까 봐 걱정이 많아. 아……, 만약 내게도 그런 일이 생기면 어쩌지?

규리야, 너 아주 무서운 약을 먹었구나. 마약보다 무섭다는 '만약'. '만약 내가 사고를 당하면 어쩌지?', '만약 내가 암에 걸리면 어쩌지?' 이런 식으로 '만약'을 붙여 온갖 부정적인 생각을 하면 뇌는 그것을 현실처럼 처리해. 눈앞에서 일어나는 일처럼 생생하게 상황을 펼쳐 내지. 네가 듣거나 접한 부정적인 정보들이 꼬리에 꼬리를 물면서 이어지는 거야.

물론 부정적인 상황에 대비하는 것은 좋아. 축구할 때 상대 팀 공격수가 빠르게 치고 들어오면 어떻게 대응할지 미리 생각하는 것처럼 말이야. 네 걱정과 어떻게 다른지 알겠니? 부정적인 상황보다 그 상황에 대응할 방법을 더 많이 고민하는 거야. 상대 팀이 빠르게 치고 들어올까 봐 스트레스를 받는 데서 멈추지 않는 것이지. 이처럼 문제 상황을 미리 떠올려 보면서 구체적인 대응 방안을 구상하는 **시뮬레이션 기법**을 이용하면 두려움과 스트레스를 줄일 수 있어. 흔히 '이미지 트레이닝image training'이라고도 하지.

네가 이런 질문을 한 이유가 대응 방법을 찾기 위해서라면 좋은 선택을 한 거야. 하지만 부정적인 상황을 떠올리며 도전하지 않을 핑계를 대기 위한 것이라면 아주 나쁜 선택을 한 거야. 물론 아빠는 네가 핑곗거리를 찾는다고 생각하지 않아. 함께 대응 방법을 찾고 싶은 것이지? 그런데 그전에 문제의 원인부터 이해했으면 해. 원인을 알아야 정확한 대응 방법도 찾을 수 있을 테니까.

도대체 왜 여성을 차별하는 걸까?

'가부장 사회'라는 말 들어 봤지? 한국 사회의 특징을 말할 때 흔히 가부장 사회라고 하잖아. 그렇다면 '가부장家父長'이라는 말은 무슨 뜻일까? 한자를 봐. 집 가, 아버지 부, 우두머리 장. 아버지가 가정의 중심이라는 뜻이야. 아버지는 그 권한을 아들, 그중에서도 장자에게 주며 가부장 문화를 이어가. 가족 구성원 전체가 권한과 명예와 성과와 책임을 나눠 갖는 평등한 문화가 아니야. 가부장 사회에서 여자는 남자와의 결합으로 후손을 낳고 기르는 역할로만 존재해.

그렇다면 왜 가부장 문화가 생겼을까? 과거 농경 사회에는 많은 노동력이 필요했어. 기계가 변변치 않으니 그 노동력은 근력을 더 많이 쓸 수 있는 남자들이 주로 담당했지. 그래서 아들을 많이 낳는 것이 중요한 문제였어. 농사를 짓지 않는 계급도 가문의 대를 안정적으로 잇는다는 명분을 내세워 아들을 선호했어. 잦은 전

란과 전염병 등으로 장수하기 힘든 시대였으니까.

지금은 농경 사회도 아니고 4차 산업혁명을 이야기하는 시대야. 그런데도 왜 가부장 문화는 없어지지 않는 걸까? 바로 고정관념 때문이야. 오랜 시간 역사적으로 전해 내려온 문화에는 전통도 있지만, 고정관념이라는 심리적 폐습도 있어. 그렇다면 가부장 문화에서 만들어진 고정관념은 무엇일까? 남자는 힘이 세고 이성적이고 객관적이고 독립적이고 능동적이고 대외 지향적인 반면, 여자는 연약하고 감성적이고 주관적이고 의존적이고 수동적이고 가정적이라는 고정관념이야. 어때? 그럴듯하니?

이런 고정관념에 딱 맞아떨어지는 남자들도 있어. 하지만 연약하고 감성적이고 가정적인 남자들도 있어. 아빠도 그렇잖아. 그럼에도 고정관념에 사로잡힌 사람들은 이들을 '예외'일 뿐이라면서 무시해. 고정관념에 맞는 사례만 기억하며 고정관념을 강화하지. 그러면서 '남자는 이래야 한다', '여자는 이러면 안 된다' 하는 식의 성차별을 해.

그런데 또 진화심리학에서는 성차별을 조금 다르게 해석해. 사회심리학과 다른 관점으로 접근하지. 설명에 앞서 질문을 하나 할게. 3초 안에 대답해 봐. 금붕어의 지느러미와 비둘기의 날개 중 더욱 잘 진화한 것은 무엇일까? 1초, 2초, 3초. 땡!

금붕어의 지느러미든 비둘기의 날개든, 둘 다 환경에 적응하기 위해 진화한 결과물이야. 즉 어느 것이 우월하다고 할 수 없지. 왜 갑자기 이런 질문을 하냐고? 진화심리학에서는 남자와 여자 역시 각각 환경에 적응한 결과물이기 때문에 우열을 가릴 수 없다고 분석하거든. 성차별 자체가 말이 안 되는 거지.

그럼에도 진화심리학은 성차별을 부추긴다는 오해를 받기도 해. '이것이 옳다'라는 식으로 처방을 제시하는 게 아니라 '그것은 이렇다'라고 현실을 설명하는 학문이다 보니 성차별의 근거로 이용되곤 하거든.

가부장 사회에 대한 해석도 마찬가지야. 진화심리학적으로 해석하자면, 남자와 여자 모두 좋은 유전자를 가진 아이를 낳고 싶어 해. 그렇다고 유전자 검사를 할 수는 없으니 겉으로 보이는 외모를 보고 배우자를 선택하지. 출산 당사자인 여자는 자식을 더 좋은 환경에서 낳아 키우고 싶어 해. 그래서 더 많은 자원을 가진 남자를 배우자로 선호해. 남자들은 여자의 선택을 받기 위해서 자원을 두고 서로 경쟁해. 경쟁에서 이긴 남자는 여자의 선택을 받고 경쟁에서 진 남자는 무시당하지. 남자들은 지위와 명예에도 집착해. 힘이 없으면 머리가 좋거나, 머리가 나쁘면 돈이 많거나, 돈이 없으면 명예라도 있어야 한다는 식으로 끊임없이 경쟁하거든. 경쟁에서 이긴 남자는 남자들의 세계에서도 인정받아. 왜? 남자들이 바라는 모습이니까. 이처럼 자원을 가진 남자 중심으로 돌아가는 사회, 그게 바로 가부장 사회야.

진화심리학은 성차별에 관한 흥미로운 시각을 제시해. 흔히 남자들이 "여자들 때문에 경쟁이 심해진다"라고 욕하잖아? 하지만 정작 심한 경쟁은 남자들끼리 해. 단체 소개팅만 봐도 그래. 마음에 드는 이성에게 매력 발산을 하겠다며 남자들끼리 뼈 있는 말을 주고받으면서 아웅다웅 경쟁하는 경우가 많잖아. 텔레비전에 나오는 연애 리얼리티 프로그램도 봐 봐. 처음에는 여유 있는 척해도 결국 여성에게 선택받기 위해 남자들끼리 상대를 깎아내리며 경쟁하지.

세상을
바꾸는 교육
💬

그런데도 왜 남자들은 남자들 사이의 경쟁보다 여자와의 경쟁에 더 민감할까? 사회적 범주화 때문이야. 자신을 특징 짓는 요소로 성별을 꼽는 순간 남성이라는 범주에 속하지 않는 여성을 외집단으로 놓게 되거든. 물론 남자들 안에서도 출신 지역이나 좋아하는 취미에 따라 내집단과 외집단이 나뉘어. 그러나 대화를 통해 알아내야 하는 지역, 취미 등과 달리 성별은 겉으로 그냥 드러나는 특징이어서 범주화하기가 더 쉬워. 인종 차별 역시 겉으로 드러나는 피부색으로 범주화해 생기는 문제야.

고정관념, 사회적 범주화는 쉽게 생각하고 싶어 하는 인간의 성향 때문에 생겨. 하지만 이와 상관없이 악의적으로 여성을 차별하는 사람도 있어. 훨씬 심각한 문제지. 이들은 엄마에게 학대받은 상처, 짝사랑한 여성에게 거부당한 상처 등을 이유로 여성을 혐오하고, 범죄를 일으키기도 해. 여성을 인권을 가진 목적적 존재가 아니라 성적 욕구를 채울 수단으로 보는 남자들도 있어. 성차별과 성추행, 성폭력을 당연하게 생각해.

성차별을 없애려면 여성 역시 인권을 가진 존재임을 학교와 언론, 가정에서 계속 알려야 해. 변화가 너무 더뎌서 '그래 봤자 뭐가 바뀌겠나' 하는 생각이 들 수도 있어. 달라지는 게 전혀 없는 것처럼 느낄 수도 있어. 그래도 계속 차별과 싸워야 해. 그렇게 싸우다 보면 함께 싸우는 사람이 많아지고, 세상도 조금씩 바뀔 거야.

성차별은 분명 존재해. 어쩌면 영영 사라지지 않을지도 몰라. 그래도 정도의 차이는 있을 거야. 그렇다면 성차별은 지금보다 심해질까, 줄어들까? 잘 모르겠다고? 그럼 이렇게 생각해 보자. 지금은 예전보다 성차별이 심해진 것일까, 줄어든 것일까?

예전에 아빠가 어렸을 때는 여성들이 직장에서 커피를 타거나, 서류 작업을 돕거나, 돈 계산을 하거나, 운전사가 운전에 집중할 수 있도록 버스표를 받는 등 남자의 일을 보조하는 역할을 했어. 공장에서도 반장은 남자가 맡고, 여성은 대부분 '여공'으로 일했지. 하지만 지금은 어때? 여성 팀장, 여성 이사, 여성 CEO, 여성 국회의원, 여성 장관 등이 존재하는 세상이야. 물론 그들도 수많은 성차별을 겪었을 거야. '유리 천장'에 부딪혀 좌절한 순간도 많았겠지. 하지만 예전보다 성공의 양과 질이 높아진 것은 분명해.

성차별에 대한 사회적인 인식도 많이 바뀌었어. 개념 자체가 없었던 예전과 달리 성차별을 부정적으로 평가하는 사람이 많아졌지. 사람들이 착해져서 이런 변화가 생긴 것일까? 아니. '성차별은 잘못된 것'이라고 교육받은 덕분이야. 잘못이라는 것을 알기에 하지 않으려고 노력하는 것이지.

법도 기업도 변화하고 있다

성차별을 예방하는 법률도 세상을 바꾸는 데 큰 역할을 했어. 양성평등기본법, 고용정책기본법, 직업안정법, 근로기준법, 파견근로자 보호 등에 관한 법률, 남녀차별금지 및 구제에 관한 법률, 남녀고용평등과 일·가정 양립 지원에 관한 법률 등이지. 앞으로도 성차별 예방 법률은 계속 보완될 거야. 사회의 요구에 맞게 변화하는 다른 법률들처럼 말이지.

효율성을 높이기 위한 기업의 노력도 성차별을 줄이는 데 한몫하고 있어. 경영 컨설팅 회사 맥킨지의 조사에 따르면, 여성 임원이 많은 기업일수록 조직 및 재무성과가 높다고 해. 컬럼비아대학과 메릴랜드대학에서 2006년 공동으로 진행한 연구 결과도 이러한 주장을 뒷받침하지.

어떤 조직이든 발전하려면 창의성이 필요해. 같은 문제도 더 창의적으로 더 빠르게 더 효과적으로 해결해야 살아남을 수 있는 세상이잖아. 창의적인 아이디어는 비슷한 사람들이 모인 조직에서 많이 나올까, 다양한 사람이 모인 조직에서 많이 나올까? 다양한 사람으로 이뤄진 조직이겠지? 남자만 모인 조직보다 남성과 여성이 함께 있는 조직에서 창의적이고 다양한 아이디어가 많이 나올 거야.

실제로 여성 임원을 고용한 뒤 좋은 성과를 낸 사례가 많아지고 있어. 100년 넘게 코카콜라에 밀려 영원히 업계 2위로 남을 뻔했던 펩시의 극적인 성공 사례도 있어. 펩시는 인드라 누이Indra Nooyi라는 인도 출신 여성을 CEO로 임명한 뒤 음료 매출 1위로 올라섰어. 탄산음료 매출은 여전히 코카콜라가 1위지만, 게토레이와 과일 음료 판매에서 월등히 앞서 총 매출 1위를 달성했지. 여성의 사회 진출을 적극 권장했을 때 따르는 긍정적인 효과와 효율성에 대해 기업들도 의식하고 있어.

윤리적인 관점보다 경제적인 효율성 측면에서 성차별을 줄이려 한다는 점이 아쉽게 느껴질 수도 있어. 어쨌거나 기업은 미래에도 효율성을 포기하지 않을 거고 효율성을 높이기 위해서라도 성차별을 줄여 나갈 테니, 세상은 지금보다 나아질 거야.

기업에서 윤리적인 관점을 완전히 배재하는 것도 아니야(이 역시 궁극적으로는 기업의 이윤을 높이기 위해서지만). '윤리적 리더십'이라는 말 알지? 사회적인 책임을 다하지 않는 기업은 소비자의 지탄을 받아. 반대로 책임을 다하면 지지를 받지. 소비자들은 비윤리적 행위를 하는 기업에 대해 불매운동을 하거나 사회 기여도가 높은 기업을 자발적으로 홍보하며 감시하는 역할을 하고 있어.

횡령을 하거나 부정부패를 일삼고 성차별을 하는 등 비윤리적인 리더가 이끄는 기업은 소비자의 인정을 받을 수 없어. 리더는 자리를 내놓을 정도로 압박감을 느낄 수밖에 없지. 물론 기업에서는 권력을 이용해 소비자를 통제하려 하겠지만, SNS 활동과 미디어 제보가 활발하게 이뤄지는 오늘날 기업의 '갑질'은 언제고 폭로될 수 있어. 이미 곳곳에서 벌어지고 있잖니.

작은 성공으로 이루는 큰 성공

성차별이 네 기대만큼 줄지는 않을 수 있어. 하지만 지금과 똑같거나 지금보다 나빠지지는 않을 거야. 왜? 관련 법이 계속해서 촘촘하게 보완될 테니까. 성차별은 사라지지 않을 거라며 무기력한 모습을 보이지는 마. 도전하기도 전에 겁먹을 필요 없잖아. 축구 경기를 시작하지도 않았는데 상대 팀에 공격수가 있다는 사실만 가지고도 겁을 먹으면 어떻게 되겠니. 겁이 나면 대비를 해야 해. 성차별이라는 공격이 들어왔을 때 어떻게 방어하고 반격할지 생각해야 해.

네가 같은 일을 하는 남자보다 연봉을 적게 받거나 여자라는 이유로 교육 기회를 적게 받는 등 성차별을 당한다면 고용노동부에 고발하면 돼. 혼자 하는 게 힘들면 노동조합이나 여성 관련 기관의 도움을 받을 수도 있어. 소송할 경우 여성발전기금을 통해 지원을 받을 수도 있고. 그러자면 일단 관련 법 조항부터 살펴봐야겠지?

집에서도 너는 내가 너희 자매를 차별한다고 느끼면 적극적으로 불만을 제기하잖아? 엄연히 나이 차이가 나는데 왜 세뱃돈이 똑같냐, 왜 동생은 집안일 빼 주냐 등등……. 조목조목 불만사항을 이야기하지. 사회에서도 그렇게 하면 돼. 흥분하지 않고 조목조목 따지는 게 좋아. 지금보다 나은 사회적 인식과 더 발전한 법의 도움을 받아 더 좋은 결과를 끌어낼 수 있을 거야.

만약 그렇게 해도 해결되지 않으면 어떻게 하냐고? 또 만약이라는 무서운 약을 먹었구나. 사람은 미래를 알 수 없어. 주식 투자의 전문가라는 사람들도 미래의 주식시장을 예측하지 못해 큰 손

그렇게 애를 써 봤자
세상이 정말
바뀌겠어?

작은 성공들을 쌓아나가면 돼.
지금 이 순간에도
바뀌고 있어.

실을 볼 때가 있잖아. 사람이 할 수 있는 것은 최선을 다하는 것밖에 없어. 그러면서 실패도 하고 성공도 하면 돼.

살다 보면 누구나 힘든 일을 당해. 사람마다 그 충격에서 벗어나는 데 드는 시간과 정도가 다르지. 이때 충격에서 회복하는 능력을 **회복 탄력성**이라고 해. 회복 탄력성이 높은 사람은 어떤 일에 실패해도 잃은 것이 아니라 얻은 것에 집중해. 실패해도 성장했음을 깨닫고 다음 성장을 위해 또 도전하지. 그렇게 계속 도전하며 시행착오의 교훈을 쌓아 성공 확률을 높여.

성차별에 저항하며 성평등에 도전하는 사람들도 회복 탄력성이 높다고 볼 수 있어. 이들은 성차별이 완벽하게 사라진 머나먼 미래와 현재를 비교하며 좌절하는 게 아니라, 과거와 현재를 비교하며 성차별이 줄고 있음을 확인해. 불가능한 일이 아니라 충분히 변화시킬 수 있는 일에 도전하고 있다는 긍정적인 생각을 하고, 지금의 성차별을 줄일 방법에 집중하지. 큰 성공을 향한 큰 도전이 아니라, 작은 성공을 향한 작은 도전을 하는 거야. 작은 도전이니까 빨리 성공할 확률도 높아. 이것을 퀵 윈quick win이라고 해. 빠른 도전, 빠른 성공으로 긍정 에너지를 얻어 또 도전하고 맷집도 키우는 거야.

그래도 정말 행복한 결말을 볼 수 있을지 모르겠다고? 너는 영화의 결말을 알고 볼 때 재미있니, 모르고 볼 때 재미있니? 모르고 볼 때지? 네 인생은 결말을 알 수 없는 영화야. 그 사실을 받아들여야 해. 그리고 알 수 없다는 이유로 불안해하지 마. 알 수 없기에 기대할 수도 있는 거야. 지금보다 나아질 수 있으니까.

아빠가 남자라서 편하게 이야기하는 면도 있을 수 있어. 하지만 두 딸의 아빠이기에 더 민감하게 받아들이는 면도 있어. 그저 편하게 말하는 게 아니야. 아빠는 충분히 해결할 수 있는 문제라고 생각해. 세상을 믿지 못하겠다면 네 행복을 위해 노력하는 아빠의 말을 믿으렴.

세상의 아빠들은 자기 딸들이 계속 차별당하도록 두 손 놓고 있지 않을 거야. 아빠 역시 성평등으로 향하는 행렬의 앞에 설 거야. 너도 아빠와 함께하기를 바라. 가만히 앉아 지켜보며 걱정만 하지는 않기를 바랄게.

왜 사람은
다른 사람을 따라 할까?

#유행 #맛집 #편승 효과

#선분 실험 #완판 #거울 뉴런

유행 따르느라 정말 피곤해 죽겠어······. 최근에 어떤 연예인이 유튜브 채널을 시작했는데, 그게 우리 반에서 대유행이야.

며칠 전 부반장이 점심시간에 선생님 몰래 텔레비전이랑 자기 노트북이랑 연결해서 그 방송을 켰어. 보니까 웃기긴 웃기더라고. 그런데 그 일이 있고 나서 애들이 너도나도 그 채널을 구독하기 시작했어. 이제 그거 안 보면 애들이랑 말도 못 한다니까? 심지어 반 애들 전부 그 연예인의 말투랑 동작을 따라해. 처음에는 좀 민망했는데 하다 보니 너무 입에 착 달라붙어서 나도 막 따라하게 되더라······.

예전에는 친구들이랑 어디 놀러 가면 막 명소를 찾아내려고 아무데나 들어갔는데, 이젠 그 연예인이 갔었던 식당이나 옷가게를 꼭 들러. 근데 난 명소를 발굴하는 게 좋지, 누가 갔던 데 따라 가고 그런 건 싫단 말이야. 사람도 많고 오래 기다려야 하고······. 도대체 왜 사람들은 다른 사람들의 말과 행동을 따라하는 걸까?

네 말대로 많은 상황에서 사람들은 다른 사람의 말과 행동을 따라 해. 너도 엄마랑 내가 거실에서 텔레비전을 보다가 웃으면 뭔지 확인하기도 전에 미소부터 짓고 "뭐야, 뭐야?" 하며 방에서 나오잖아. 그건 따라 한 게 아니라고? 딱 보니 재미있는 장면일 것 같아서 미소 지은 거라고?

좋아. 그러면 다른 예를 들게. 길을 걷다가 여러 사람이 동시에 같은 곳을 봐서 따라 본 적은 없어? 노래방에서 사람들이 많이 부른 노래 목록이 뜨면 더 관심 가고 그러지 않아? 인터넷 포털사이트에서 '실시간 급상승 검색어'를 클릭한 적 있지? 아마 비슷한 경험들이 있을 거야.

맛집을 찾아다니는 이유

심리학에서는 이를 편승 효과라고 해. 편승 효과는 사회적 압력 때문에 생겨. 사람들의 생각이 비슷하기 때문이 아니야.

미국의 심리학자 솔로몬 아시Solomon Asch는 '선분 실험'을 통해

이 사실을 증명했어. 아시 박사는 시력 검사를 한다며 실험 참가자를 모아 여섯 명에서 여덟 명씩 팀으로 묶었어. 그리고 참가자들에게 선분 한 개가 그려진 카드를 보여 준 뒤 다시 세 개의 선분이 그려진 카드를 보여 주고 처음에 본 선분과 같은 길이의 선분을 고르게 했어. 세 개의 선분은 원래 것보다 절반 정도 긴 선분, 똑같은 선분, 절반 정도 짧은 선분이었어. 답은 명확했지. 이렇게 여덟 번을 반복해서 실험을 했어.

그런데 이 실험에는 속임수가 있었어. 실험 집단의 구성원 중 진짜 실험 참가자는 한 명뿐이고, 나머지는 아시 박사의 지시대로 움직이는 가짜 실험 참가자, 즉 실험 협조자였어. 박사는 실험 협조자들에게 총 여덟 번의 검사 중 여섯 번은 정답을 말하고 나머지 두 번은 미리 정해 둔 오답을 똑같이 말하게 했어.

진짜 실험 참가자는 매번 정답을 맞히던 사람들이 일곱 번째 검사에서 오답을 당당하게 말하자 '쟤 왜 저래?' 하면서도 덩달아 오답을 말했어. 명백히 자기 생각과 다른데도 말이야. 결과적으로 실험 참가자의 75퍼센트가 다른 사람들이 말한 오답을 선택했어. 오직 25퍼센트의 실험 참가자만이 외부의 영향을 받지 않고 자신의 생각대로 결정을 내렸어.

현실에서도 편승 효과는 쉽게 찾을 수 있어. 소문난 맛집을 기를 쓰고 찾아다니는 것도 다른 사람들의 선택이 사회적 압력으로 작용해서 생기는 현상이야. 자신도 같은 선택해야 할 것 같은 압박감을 느끼는 것이지. 애써 찾아간 맛집의 음식이 생각보다 맛이 없어도 또 다른 맛집을 찾아. 다른 사람들이 맛있게 먹으면 맛있는 척하기도 해.

여러 사람이 우르르 몰려들면 일단 무슨 일인지 살펴보게 되는 것도, 손님이 별로 없는 식당보다 손님으로 북적대는 식당을 기웃거리게 되는 것도 편승 효과 때문이야. 물론 그렇게 안 하는 사람도 있어. 선분 실험에서 그랬듯 25퍼센트는 자기 생각을 끝까지 지키니까. 하지만 네 명 중의 세 명은 다른 사람의 선택을 따라해.

필요해서 사려던 물건도 이전 구매자의 평가가 나쁘면 구매를 주저하거나 포기하게 되잖아. 사람들의 이런 심리를 알고 있는 기업들은 '완판 상품'이라는 말을 만들어 소비자를 유혹해. 역시 편승 효과를 자극하는 전략이지. 그런데 좀 이상하지 않니? '완판'이면 다 팔렸다는 말이잖아. 그렇게 어떻게 또 팔아?

정치인의
세몰이 전략

조별 과제를 준비할 때 이런 경험을 한 적이 있을 거야. 조원들이 입을 모아 같은 의견을 주장하는 바람에 속으로는 다른 생각을 하면서도 반대하지 못한 경험. 잘못된 방향이라고 생각하면서도 나서지 못한 경험. 여러 사람이 같은 의견을 말하면 다른 의견이 있어도 이야기를 쉽게 꺼내지 못해. 그래서 리더는 세몰이에 신경을 써. 학교뿐만 아니라 사회에서도 그래.

선거 때면 정치인들은 자신이 '대세'라고 홍보해. 열성적인 지지자들을 모아 놓고 유세하는 모습을 연출하지. 편승 효과를 이용해 지지자를 늘리려는 거야. 히틀러는 많은 사람을 광장에 모아 놓고 그들로 하여금 선전 선동대를 따라 열정적으로 자신을 따르게 만들었어. 열성적인 지지자들을 앞에 배치해서 따라 하게 했지. 마치 아시 박사가 선분 실험에서 실험 협조자에게 특정한 오답을 말하게 함으로써 사회적 압력을 높인 다음 실험 참가자에게 답을 물었던 것처럼 말이야.

편승 효과는 우리가 매일 사용하는 인터넷에서도 힘을 발휘하고 있어. 인터넷 포털사이트의 인기 검색어를 자신도 모르게 클릭한다거나, 인기가 많은 SNS 스타와 '맞팔'을 하고 싶어 한다거나, 인터넷 쇼핑몰에서 구매 지수가 높은 상품을 선호하는 등 편승 효과 사례는 많아. 경쟁적으로 특정인을 욕하거나 칭송하는 댓글을 다는 경우도 마찬가지야. 악의적인 댓글을 달아 고소를 당하거나 처벌을 받은 사람들 중에는 "어쩌다 보니 그랬다"라고 말하는 사람이 많아. 원래 자신은 그 사람을 그렇게 싫어하지 않는데 분위기에 휩쓸렸다는 거야.

모방하게 만드는
거울 뉴런

다른 사람을 따라 하는 인간의 성향에 대한 인지과학적인 해석도 있어. 인간의 뇌 자체가 다른 사람에게 영향을 받도록 설계되어 있다는 거야. 인간에게는 거울 뉴런이라는 게 있어. 다른 사람의 행위를 보고 마치 자신이 그런 행위를 하는 것처럼 느끼게 만드는 신경 세포야. 인간뿐만 아니라 인간과 교감하며 행동을 따라 할 수 있는 반려동물, 원숭이 등에게도 거울 뉴런이 있어.

거울 뉴런은 누군가 음료수를 마시는 장면을 보거나 꿀꺽꿀꺽하는 소리를 듣기만 해도 활성화돼. 심지어 '마시다'라는 단어를 말하거나 듣기만 해도 작동하지. 지금 이 글을 읽고 있는 너도 침을 한번 삼켰을 거야. 어쩌면 음료수를 마시고 싶은 마음이 들었을지도 몰라.

아직 과학적으로 완전히 증명된 것은 아니지만, 한 명이 하품을 하면 다른 사람도 따라서 하는 현상 역시 거울 뉴런 때문이라는 주장도 있어. 사람마다 수면 패턴도 다르고 피곤함을 느끼는 정도도 다를 텐데 하품은 쉽게 전염되잖아.

어른만 서로의 행동을 따라 하는 것이 아니야. 언어 능력이 발달하지 않은 아기들도 어른을 따라 해. 아이들끼리 서로 따라 하면서 놀기도 해. 누가 그러라고 가르쳐 준 것도 아닌데 말이야. 많

생각 없이 다른 사람을

따라 하는 건

한심한 행동 아니야?

나쁜 것만은 아니야.

문제를 해결하는 데

활용할 수 있어.

은 과학자는 이 역시 거울 뉴런 때문이라고 주장해. 배우지 않아도 한다는 것은 뇌가 그렇게 만들어져 있기 때문이라는 거야.

거울 뉴런은 상대방의 행동뿐만 아니라 감정에도 관여해. 다른 사람이 웃거나 우는 모습을 보면 거울 뉴런이 활성화되어서 인간 감정을 주관하는 뇌의 변연계에 신호를 보내. 그래서 기쁨 또는 슬픔을 따라서 느끼게 돼. 영화를 볼 때 주인공이 우는 장면을 보면 덩달아 눈물이 나는 것도 이 때문이야(발연기가 아닌 이상 웃음이 나진 않을 거야). 연기하고 있는 상황이라는 것을 알아도 감정을 따라 느끼게 되는 거지.

드라마 보면서 울고 있던 엄마랑 네가 나눈 대화 기억나? 집에 막 들어온 참이라 사정을 몰랐던 네가 엄마를 보고 울컥해져서 "이번엔 아빠가 또 뭘 잘못했어?"라고 소리쳤잖아. 가사 노동에 게으른 사람이라는 등 아빠의 단점을 죽죽 나열하면서. 나는 그때 방에서 글을 쓰고 있었는데, 정말 어이가 없었어. 당장 나가서 변명하고 싶었지만 원고 마감이 코앞이라 참았어. 네 엄마가 다 설명해 줄 거라 생각하면서 말이야. 근데 네 엄마도 맞장구를 치더라? 결국 참다못한 내가 긴급 출동해서 상황을 종료시켰지.

네가 우는 엄마를 보고 따라 울컥한 것이나, 엄마가 네 말에 맞장구친 것 모두 거울 뉴런 때문이야. 이성적으로 객관적인 사정을 따지기 전에 서로의 감정을 모방한 탓이지.

긍정적인 기능과
부정적인 기능

편승 효과와 거울 뉴런은 사람의 이성 판단을 흐리게 한다는 단점이 있지만 잘만 활용하면 긍정적인 기능도 끌어 낼 수 있어. 만약 네가 우울한 기운을 느낀다면 어떻게 해야 할까? 방 안으로 들어가서 슬픈 노래를 들으며 우울한 영화를 보는 것은 좋지 않아. 그럴수록 떠들썩한 모임에 나가거나 행복한 사람들이 나오는 코미디 영화를 보는 것이 좋아. 즐거워하는 사람들의 감정을 모방하고, 즐거워하는 사람들의 선택을 따라 하다 보면 기분이 좋아지게 되어 있거든. 기쁘지 않아도 얼굴 근육을 일부러 미세하게 움직이며 웃다 보면 기쁨을 느끼게 된다는 연구도 있어.

개인의 문제뿐만 아니라 사회문제도 긍정적으로 해결할 수 있어. 경제 불황 탓이든 뭐든 사회 분위기가 처져 있을 때는 나라에서 다양한 행사를 개최해 즐거운 분위기를 만들 필요가 있어. 사람들이 함께 어울리며 긍정적인 기운을 주고받을 기회를 만드는 거야.

이처럼 다른 사람을 따라 하는 인간의 심리는 부정적인 결과를 내기도 하지만, 긍정적으로 활용할 수도 있어. 그런 의미에서 아빠가 부탁하고 싶은 게 있어. 학교에 아빠의 팬클럽을 만들어서 쉬는 시간마다 회원들과 함께 아빠 책을 열심히 읽어 주지 않으런? 표지 보이게 해서 책도 몇 권 책상 위에 올려놓고 말이야. 중간중간 감동에 벅찬 표정도 지어 주면 더 좋겠다. 그럼 언젠가 아빠가 쓴 책들도 역주행해서 베스트셀러에 올라가지 않을까?

어휴, 농담이야.

8.

끈대들은
도대체 왜……

#끈대 #비대칭적 통찰의 착각 #사후 과잉 확신 편향

#선택 지지 편향 #기본적 귀인 오류

🏠 규린의 질문

얼마 전 초등학교 동창들이랑 엄청 오랜만에 만났어. 중학교 생활에 대해 신나게 수다를 떨었지. 그러다 학교 끝나고 사 먹던 사과 맛 젤리 이야기가 나왔어. 오랜만에 먹고 싶더라? 그래서 다 같이 구멍가게에 갔어.

가게에 도착했는데, 그 앞 평상에 앉아 계시던 처음 보는 할아버지가 말을 붙이셨어. 대뜸 "다 큰 애들이 여긴 어쩐 일로 왔어?"라고 하더라고. 뭐, 그래. 궁금할 수 있지. 근데 그다음 말이 진짜……. 아, 또 화나네. "여자가 그렇게 짧게 입고 다니면 안 된다"라며 대뜸 꼰대 짓을 하는 거야. 너무 어이없어서 헛웃음을 치며 자리를 떴어. 묻는 말에 대답도 안 하고 가 버리는 건 예의 없는 짓이지만, 그런 인간한테는 별로 예를 갖추고 싶지 않았어.

나도 노인 공경은 하고 싶어. '노인의 지혜'라는 것도 있다고 하잖아. 근데 현실은, 꼰대투성이야. 툭하면 요즘 젊은이들은 노력을 안 한다면서 잔소리하는 꼰대들.

아빠, 꼰대는 왜 생기는 거야? 꼰대 짓은 왜 하고? 꼰대 피하는 법도 제발 알려 줘.

노인은 세상의 많은 모습을 봤고 경험도 많아. 삶의 지혜를 가지고 있지. 지혜로운 사람의 말은 존중해야 해. 그래서 노인을 공경하라고 하는 거야. 나이가 많아서가 아니라.

그런데 어떤 노인은 자신이 하는 모든 생각을 지혜라고 착각해. 그래서 필요 이상의 말을 하고, 과한 행동을 하지. 예를 들어 태극기를 들고 광장에 나서서 목소리를 높이는 노인 중에는 "젊은 사람들은 아무것도 모른다"라며 무시하는 사람이 많아. 이들은 위안부 피해자들에게 상처 주는 말을 하기도 하고, 독재자를 미화하기도 하고, 외국 정부에 우리나라의 문제를 해결해 달라며 당당하게 요구하기도 해. 정치사회 문제뿐만이 아니야. 개인적으로도 "아이를 낳아서 길러라", "여자가 큰소리 내면 못 쓴다", "결혼을 해야 어른인데 왜 혼자 사냐" 등 상대방의 입장을 헤아리지 않고 상처 주는 말을 쉽게 하지. 그때부터는 노인 대접이 아니라 꼰대 대접을 받게 돼. 꼰대라고 불리는 순간 공경받는 것과는 거리가 멀어지지.

꼰대들의 특징
(분노 주의)

네가 욕하는 꼰대들도 어렸을 때는 너처럼 나이 든 꼰대를 보면서 "나는 절대로 저렇게 되지 말아야지" 하고 다짐했던 사람일지도 몰라. 1960년대 한국 소설에도 꼰대를 혐오하는 청년들의 이야기가 자주 나와. 그런데 그 소설을 쓴 젊은 작가 중에는 오늘날 지혜로운 노인이 된 사람도 있고, 꼰대가 된 사람도 있어. 그렇게 꼰대가 되지 않으려면 꼰대의 특징부터 제대로 파악해야 해. 열 가지만 살펴보자.

첫째, 대뜸 반말을 해. 나이가 많으니 그럴 수 있다고 생각할 수도 있어. 하지만 이들은 웬만큼 나이가 든 성인에게도 거침없이 반말을 해.

둘째, 말이 막히면 "너 몇 살이야?"라며 나이를 물어. 새삼 출생일이 궁금해서 묻는 게 아니야. 논리가 아니라 나이로 찍어 내리려고 묻는 것이지.

셋째, 말투가 딱딱하고, 주로 명령문으로 말해. 명령문이 아니더라도 결국 "네. 알겠습니다"라는 말이 나올 때까지 답을 정해 놓고 묻지.

넷째, "요즘은 많이 좋아졌지만", "내가 젊었을 때는" 이런 말들을 붙이며 젊은 사람들을 욕해. 정당한 비판에 대해서도 "제 복도 모르고 불평불만이나 한다"라며 혀를 끌끌 차지. "내가 너만 했을 때는" 이러면서 위인전 버전의 자기 인생 이야기를 풀어놓으며 자신처럼 잘 살아 보라고 충고하기도 해.

다섯째, 학자인 척을 해. "인간은 사회적 동물이다" 식으로 뭔가 정의 내리는 것을 좋아해. "인생은 ○○다", "가족은 ○○다" 등등…….

여섯째, 특별한 권리를 가진 것처럼 행동해. 대중교통을 이용할 때도 자리 양보를 당연하게 생각해. 그래서 자리에 앉은 상대방이 말을 꺼내기도 전에 그에게 양보하라고 요구하기도 해. 임산부나 몸이 불편한 사람이 앉아 있어도 말이야. 꼰대는 양보받을 때까지 기다리지 않아. '특별한 권리'를 행사하지.

일곱째, 자신의 입장과 반대되는 의견이 나오면 상대방 나름의 논리가 있다고 생각하지 않고 자신을 무시해서 그러는 거라며 굉장히 불쾌해해.

여덟째, 한번 이야기를 시작하면 '반복 심화 강조 학습'을 시키려고 해. 상대방의 기분은 생각하지 않고 미주알고주알 하고 싶은 이야기를 전부 풀어놓지. 별것 아닌 주제여도 그래.

아홉째, 자신이 가장 똑똑하고 가장 열심히 살고 가장 제대로 살고 있다고 생각해서 어떤 이야기든 자신의 사례로 연관시키려고 해.

열째, 새로운 것을 받아들이지 않아. 예전에 자기가 들었던 것, 배웠던 것을 기준으로 새로운 일들을 이해하고 설명하려 해. 심지어 해결하려고까지 하지.

어때? 열 가지만 들어도 싫지? 싫어해야 하는 것을 싫어하는 것은 무례한 일이 아니야. 억지로 좋아하려 애쓰다 보면 언젠가 너도 그런 사람이 될 테니, 차라리 격렬하게 싫어하고 그와 다른 사람이 되려고 노력하는 게 나아.

잘 알지도 못하면서

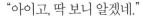

꼰대들이 자주하는 말이 있어.

"아이고, 딱 보니 알겠네."

어때? 느낌 오지? 꼰대는 상대방의 입장을 꼼꼼하게 살펴보지 않고 성급하게 판단해. 잠시 이야기를 나눴을 뿐이면서 그 사람에 대해 전부 안다고 생각하지. 앞으로 그가 어떻게 행동할지, 어떤 일들이 벌어질지 전부 아는 것처럼 말해. 극히 일부만 알게 된 것인데도 마치 전체를 이해한다고 착각하고 사실을 왜곡하는 거야. 정작 자신은 나중에 어떤 상황을 겪고 어떤 선택을 할지도 모르면서 말이지. 세상에 그걸 아는 사람이 어디 있겠어.

꼰대에게는 그 사람이 모르는 면을 강조해서 말해야 해. 그 사람의 생각을 바꿀 수는 없겠지만, 적어도 일방적이고 반복적인 말

공격에서는 벗어날 수 있어.

'딱 보니 알겠네' 식의 생각은 **비대칭적 통찰의 착각** 때문에 생겨. 꼰대뿐만 아니라 사람들은 대부분 다른 사람이 나에 대해 아는 것보다 내가 다른 사람에 대해 더 많이 알고 있다고 생각해. 자신이 자신에 대해서 가장 잘 아는 것은 당연해. 그 누구보다 자신에 대해 많이 고민하고 관찰하고 겪는 사람이니까. 그런데도 사람들은 자신의 대단한 통찰력 덕분에 자신을 잘 알게 된 거라고 착각해. 그리고 그 대단한 통찰력을 다른 사람에게도 적용할 수 있다고 생각해서 주제넘게 조언을 해.

미국 스탠퍼드대학 심리학과 에밀리 프로닌Emily Pronin 교수의 연구 팀에서 한 가지 실험을 했어. 기숙사에 있는 대학생들에게 자신과 룸메이트 중 누가 더 통찰력이 뛰어난지 평가해 달라고 한 거야. 실험에 참가한 학생들은 대부분 자신이 룸메이트보다 뛰어나다고 대답했어. 꼰대들도 아닌데 말이야.

비대칭적 통찰의 착각에 빠진 사람들은 다른 사람의 조언을 '잘 모르면서 내뱉는 말'로 폄하해. 그러면서 자신은 다른 사람에게 "너는 잘 모르겠지만, 사실 너는 ○○한 사람이야" 하는 식으로 당당하게 이야기하지. 이런 모습은 부부 간, 친구 간, 부모와 자식 간 등 일상에서 이뤄지는 거의 모든 대화에서 쉽게 찾아볼 수 있어(이렇게 말하는 아빠도 좀 찔리네……). 비대칭적 통찰의 착각은 흔히 일어나는 일이지만, 꼰대의 경우 정도가 아주 심하고, 일상적이야.

꼰대가 되고 싶지 않다면 스스로 모든 상황을 꿰뚫어 보고 있다는 확신이 들 때마다 경계해야 해. 반대로 누군가 너를 다 파악한 것처럼 말하며 기분 나쁜 조언을 해도 예민하게 반응하거나 화를 내며 에너지를 낭비할 필요 없어. 그 사람은 너를 아주 잘 알고 있다는 착각에 푹 빠져 있는 꼰대일 뿐이니까. 불쌍하게 생각하면 돼.

"내 선택은 절대 틀리지 않아"

앞서 말했듯이 꼰대는 스스로 어떤 일이 벌어질지 다 안다고 착각하는 경향이 있어. 당연히 예측과 다른 결과가 나오는 경우가 많겠지. 하지만 그런 결과가 나와도 꼰대는 자신이 틀렸다고 생각하지 않아. 틀렸다고 생각하면 함부로 예측하는 일을 그만두겠지. 대신 꼰대는 그 결과에 대해 알고 있었던 것처럼 기억을 재구성해. 이를 **사후 과잉 확신 편향**이라고 해.

운동 경기를 중개하는 해설자가 경기 시작 전 "오늘 승부는 아무도 모릅니다"라고 해 놓고 승부가 결정되면 "제가 앞서 승부를 예상했듯이"라고 말하는 경우, 너도 많이 봤지? 예측이 틀렸을 때는 이렇게 말하기도 해.

"제 예측이 틀린 이유는…….".

그러면서 결과론적인 이야기를 줄줄 늘어놓고 자신의 통찰력을 자랑하지. 맞혀도 통찰력이 있는 거고, 틀려도 통찰력이 있는 거야. 그러니 늘 당당하게 말하고 행동할 수밖에 없지. 머쓱할 만한 순간에도 이렇게 말해.

"내가 그럴 줄 알았어!"

꼰대는 자신의 선택을 잘 바꾸지 않아. 그런 결정을 내린 자기자신을 지키고 잘못된 결정을 했다는 후회에 빠지지 않기 위해서야. 오류라는 걸 알아도 자신의 선택을 옹호하는 것이지. 이를 **선택 지지 편향**이라고 해. 꼰대는 심리적 이득이 많은 선택 지지 편향에 무의식적으로 빠져들어.

너도 그런 적 있지? 새로 산 물건이 생각보다 마음에 안 드는데 "뭐, 그래도 이 부분은 좋네" 하면서 받아들인 경험 말이야. 사기전에는 별로 관심도 없었던 물건인데 사고 나니 마치 예전부터 좋아해 온 물건인 것 같은 착각이 드는 경우도 있어. 자신의 선택을 지지해야 마음이 편하기 때문에 사람들은 웬만하면 생각을 바꾸지 않아. 오히려 더 적극적으로 지지하지. 아빠도 마찬가지야. 누구나 꼰대가 될 가능성은 있어.

꼰대는 자신이 지지하는 정치인의 잘못이 밝혀져도 지지를 철

회하지 않아. 부정부패를 일으킨 것으로 드러나도 모함이라고 생각하고 부정하지. 심지어 싫어했던 정치인을 지지하게 된 경우에는 마치 예전부터 지지했던 것처럼 사실을 왜곡하기도 해.

망하면 네 탓, 흥하면 내 덕

꼰대는 다른 사람의 부정적인 행동을 평가할 때 그 사람의 성격적 요인을 과대평가하고 상황적 요인을 과소평가해. 이를 기본적 귀인 오류라고 해. "그런 일이 벌어진 것은 그놈이 원래 그런 놈이어서"라는 식으로 기질적인 요인을 부각하는 거야. 반면에 자신의 부정적인 행동을 평가할 때는 상황적 요인을 근거로 설명해. "내가 공부를 못한 것은 가난했기 때문이다", "내가 실패한 것은 그놈이 방해했기 때문이다"라는 식으로 상황 탓을 하지. 꼰대는 다른 사람이 길을 걷다 돌에 걸려 넘어지면 그 사람의 부주의한 성향을 탓해. 하지만 자신이 길을 걷다 넘어지면 길에 있는 돌을 탓해.

반대로 긍정적인 결과를 이끈 행동을 평가할 때는 이를 뒤집어. "그가 잘된 건 능력이 좋아서가 아니라 운이 좋아서다"라고 하고, "내가 잘된 것은 내 능력이 뛰어나서다"라는 식으로 평가하는 거야. 사람은 모두 기본적 귀인 오류를 어느 정도 가지고 있어. 하지만 꼰대는 그 정도가 아주 심해.

나도 꼰대가
될 수 있다니,
충격이야.

스스로 통찰력 있다는
확신이 들 때마다
의심해야 해.

강간 범죄에 대해 "여자가 치마를 짧게 입고 다니니까 그런 일을 당하지" 하며 피해자를 탓하는 것도 기본적 귀인 오류야. 왕따를 피해자의 성격적 결함 문제로 보는 것도, 노숙자는 기질적으로 게으르다고 평가하는 것도 마찬가지야.

세상에는 개인이 통제할 수 없는 일들이 존재해. 사회구조 때문에 일어나는 문제도 있고, 자연재해로 인한 재난도 있어. 이때는 개인의 잘못으로 책임을 돌리면 안 돼. 또 명백한 피해자와 가해자가 있을 경우 가해자를 질책해야지, 피해자에게서 원인을 찾으려 하면 안 돼. 하지만 꼰대들은 이를 인정하지 않아.

기본적 귀인 오류에서 벗어나는 방법은 이 오류에 빠지는 원인을 추적하면 찾을 수 있어. 첫째, 다른 사람의 행동을 살필 때 상황적 요인까지 골고루 확인하는 습관을 들여야 해. 체크리스트를 만들어 빠뜨린 정보는 없는지 꼼꼼히 확인하는 것도 방법이야. 개인의 기질 문제라고 성급하게 판단하지 말고 다양한 가능성을 살피기 위해 노력해야 해. 둘째, 입장을 바꿔 생각하면 돼. '만약 나였다면 그 상황에서 어떻게 했을까'라고 자문하며 그 사람의 상황을 이해하려 노력해 봐. 기본적 귀인 오류에 빠져 속단하는 폐해에서 벗어날 수 있어.

꼰대를 설득하기란 정말 어려워. 그러니 웬만하면 피하는 게 좋아. 만약 꼼짝없이 꼰대에게 붙잡혀 질타를 들어야 한다면 화제를 계속 전환해 봐. 뭔가에 놀란 표정을 지으며 "어머, 저거 왜 저래요?" 하고 말을 자르는 것도 방법이야. 그럼 네가 아닌 다른 대상을 평가하며 통찰력을 뽐낼 거야. 좀 지겹기는 해도 상처받는 일은 줄 거야.

노인이라고 해서 모두 꼰대는 아니야. 젊은 사람도 꼰대 짓을 하면 꼰대지. 특정 세대의 문제가 아니라는 말이야. 나이가 많든 적든 다른 사람에게 함부로 말하며 상처 주는 사람은 꼰대야. 우리 그렇게 상처 주는 사람은 되지 말자. 그리고 기술을 연마해서 상처받는 사람도 되지 말자. 할 수 있지?

여자는 야동
보면 안 돼?

#야동 #자위 #오이디푸스 콤플렉스

#엘렉트라 콤플렉스 #섹스

🏠 규린의 질문

아빠, 오늘 학교에서 쉬는 시간에 여자애가 스마트폰으로 야동을 보다가 걸렸어. 옆자리 남학생에게. 반 애들이 다 쳐다보고 엄청 싸했는데······, 차라리 싸한 게 나았다. 좀 지나니까 남자애들이 선생님한테 이른다며 소리를 지르고 길길이 날뛰었거든. 여자애는 당황해서 아무 말도 못 했고, 열 받은 나랑 친구들이 맞대응했어.

애들한테 공격당하는 모습이 딱해서 감싼 게 아냐. 나도 그 애가 잘못한 건 알아. 스마트폰 금지 구역인 우리 반에 스마트폰을 밀반입하고 딴짓까지 했잖아? 그런데 그게 문제가 아냐! 남자애들이 뭐라고 했는지 알아? "여자가 왜 야동을 보냐?", "여자가 야동 보면 변태야"라고 했어! 애들이 입 터는 거에 내 어이도 같이 털리는데 내가 가만히 있을 수 있어?

아빠, 남자애들은 왜 그렇게 생각한대? 여자도 야동을 즐길 수 있는 거 아냐? 여자가 야동 보면 변태야? 남자는 괜찮고? 순수해서 잘 모른다며 슬쩍 빼지 말기! 꼭 솔직하게 대답해 줘.

대답하기 전에 묻고 싶은 것이 있어. 너도 야동을 보고 싶니? 혼내려고 하는 질문이 아니야. 야동을 이미 보고 있니? 하긴 인터넷 검색만 해도 많은 사진과 동영상을 볼 수 있는 세상이니까, 우연이든 일부러든 너도 야동을 봤을 거라고 생각하고 말할게.

야동을 보고 어떤 느낌이 들었니? 아름답게 사랑을 나누는 모습으로 보였니? 뭔가 이상해 보였을 거야. 그런 동영상을 남자들은 왜 보나 싶었겠지. 여자들은 대개 이해를 못 할 거야. 남자와 여자는 성에 대해 다르게 생각하거든. 서울 YMCA 청소년 상담실 조사에 따르면 남자 청소년의 경우 가장 많이 상담하는 내용이 자위고, 그다음이 성 지식 문의야. 여자 청소년의 경우는 성 지식 문의가 가장 많고, 그다음이 이성 문제야.

남자가 야동을 보는 이유는 자위를 하기 위해서야. 그러면 자위를 왜 할까? 성적 욕구를 해결할 상대가 없어서 스스로 해결하는 거야. 성적 욕구는 왜 있을까? 지그문트 프로이트Sigmund Freud를 지지하는 심리학자들의 연구에 따르면, 남녀 모두 어릴 때부터 성적 욕구를 느끼며 자라. 그것이 섹스나 자위로 이어지기 전에 호기심으로 표현되지. 초등학교 들어갈 때쯤이면 아기가 어떻게 생기는지, 남녀의 몸은 어떻게 다른지 등에 많은 관심을 쏟아. 그러다가 청소년이 되면 성적 호기심이 부쩍 늘어. 남녀 모두 성 호르몬이 변하거든.

너도 성적 호기심은 있잖아. 당연한 거야. 그래서 야동도 보는 거고. 남자나 여자나 호르몬 변화로 이차성징을 겪으면서 자기 몸의 성적 변화에 호기심을 느끼는 것은 당연해. 호기심이 없는 것이 오히려 문제지. 궁금해야 고민도 하고, 성 관련 지식도 쌓고, 해결책도 찾거든. 무조건 성적 욕망을 억압하면 스트레스를 받아서 행복한 삶을 살 수가 없어.

아빠와 싸우는 아들, 엄마와 싸우는 딸

정신분석학자 프로이트도 성적 본능을 억압하면 히스테리와 콤플렉스 등 다양한 심리적 문제를 겪게 된다고 주장했어. 본능이 뭐야? 태어날 때부터 갖고 있는 거잖아. 남자로 태어난 아기의 경우 엄마의 젖을 빨면서 심리적으로는 다른 경험을 한다고, 프로이트는 생각했어. 아기가 젖을 먹으며 식욕도 해소하고 성적 본능도 해소한다고 본 거야(지금부터 하는 이야기를 열린 마음으로 받아들이려 노력해 주길 바라).

그런데 엄마는 아기뿐만 아니라 남편도 사랑해. 남편과 성적 본능을 해결하지. 그러니 프로이트가 보기에는 아기와 아빠가 엄마를 놓고 성적 본능 해소의 경쟁관계가 되는 거야. 아기에게는 아직 애인이 없으니까. 아빠와 사회 문화는 아들이 엄마를 통해 성적 본능을 해소하도록 용납하지 않으니 아들의 욕망은 억압될 수밖에 없어. 그래서 **오이디푸스 콤플렉스**가 생기지. 엄마에게는 강한 애착을 품고, 아빠에게는 반감과 반항심, 두려움 등의 부정적 감정을 더 많이 품는 거야. 딸의 경우 **엘렉트라 콤플렉스**에 빠져. 아빠에게 큰 애착을 느끼고, 엄마에게는 부정적인 감정을 더 많이 느끼는 거야. 이차성징이 뚜렷해지는 사춘기에는 특히 그래. 툭하면 아빠와 싸우는 아들, 사소한 것을 가지고 엄마랑 싸우는 딸……, 장면이 딱 떠오르지 않니?

본능을 억누르면 어떻게 될까? 풍선이 계속 커지다가 터지는 것처럼 심할 경우 신경증, 불안 증세가 나타나. 그래서 중간에 풍선의 바람을 빼듯이 성적 본능을 해결해야 해. 성적 본능이 강하지 않은 사람도 억압을 당하면 스트레스를 받아. 그러다가 에너지를 다 쓰면 면역력이 떨어져서 몸이 아프거나, 정신을 집중하지 못해 말실수를 하거나 상황에 맞지 않는 행동을 하기도 해. 식욕이 약한 사람도 밥을 계속 먹지 않으면 건강이 상하고, 정신을 집중하지 못해 실수를 하는 것처럼 말이야.

자신의 마음을 제어하고 문제 행동을 일으키지 않으려면 성적 욕망을 적절히 해결할 방법을 찾아야 해. 해결 방법에 성행위만 있는 것은 아니야. 성행위는 책임도 따르고 올바른 상대를 찾을 이성과 감성도 있어야 하니 복잡해. 심리학자들은 청소년기에 자위를 하는 것은 상대적으로 쉽게 접할 수 있고 또 다른 문제를 만들지 않을 수 있어서 괜찮은 수단이라고 말해. 단 너무 지나치면 살면서 즐겨야 할 다른 것들에 집중하지 못하니 적당히 하라고 할 뿐이야. 비위생적으로 자위를 하면 건강 문제도 생길 수 있으니 조심하라고 조언하지.

섹스의 주체는
남자라는 착각

그런데 왜 하필 야동일까? 책이나 상담을 통해서 성적 호기심과 욕망을 해결할 수도 있잖아? 그건 야동이 호기심의 대상인 성행위를 눈으로 직접 확인할 수 있는, 더 자극적인 수단이기 때문이야. 그러면 여자가 야동을 보는 것도 성적 호기심에 따라 자극적인 수단에 끌리는 것이니 자연스럽지? 그런데 왜 남자들은 여자가 야동 보는 것을 이상하게 생각할까?

잘못된 성 관념 때문이야. 섹스는 남자가 주도해야 하고, 여자가 성적으로 밝히면 안 되고, 여자는 남자의 요구에 수동적으로 따라야 한다고 생각하는 거야. 남자가 맘껏 즐기도록 도와주는 존재로 여자를 대상화하는 것이지. 섹스에 대해서 남자만 주체라고 생각하는 거야. 그래서 똑같은 청소년인데 남학생이 야동을 보면 성장을 위한 당연한 수순이라고 하고, 여학생이 야동을 보면 뭔가 문제가 있는 것처럼 취급해.

솔직히 아빠도 그랬어. 일찍이 아빠는 고등학교 1학년, 비디오가 막 보급되던 시절에 야동을 접했어. 남자라면 으레 봐야 한다고 생각했지. 야동을 보기 전에는 야한 사진을 봤어. 중학교 2학년 때쯤 애들이 여기저기서 구한 사진들이 반에 돌아다녔어. 외국인 남녀가 성기를 적나라하게 드러내고 묘한 표정을 짓고 있는 모습을 찍은 사진들. 지금은 스마트폰으로 혼자 보는 경우가 많겠지만, 그때는 호기심에 가득 찬 애들이 떼로 모여들어서 함께 봤어. 과장되게 웃고 장난치고 그랬지. 고등학생이 되어 야한 비디오를 함께 볼 때도 마찬가지였어. 그게 즐기는 것인 줄 알았어. 과장되게 반응하는 것, 또는 침을 꼴깍 삼키면서 억지로 아무렇지도 않은 척하는 것. 큰 소리로 떠들어 대거나 은밀하게 훔쳐보거나, 그렇게 극과 극의 반응을 하면서 그게 즐기는 것이라 생각했어.

솔직히 야동을 어느 정도 본 뒤부터는 궁금해서라기보다 습관적으로 찾았어. 폭식과 비슷해. 처음에는 허기져서 먹어. 먹으면 뇌신경 세포의 흥분을 전달하는 도파민 분비가 활성화되면서 기

왜 남자들은

야동 보는 여자를

이상하게 생각할까?

여자를 수동적인 존재로

보기 때문이야.

분이 좋아져. 도파민 수치가 다시 정상으로 내려가면 기분이 좋아졌던 만큼 우울해져. 그러면 또 폭식을 해. 지난번보다 많이 먹지. 자극에 익숙해져서 투입량을 늘려야 감이 오거든. 그래서 더 먹어. 기분이 좋았다가 또 우울해져. 같은 상황을 반복해. 그러다 보면 좋고 싫음을 떠나 습관적으로 자기도 모르게 폭식을 하는 자동 조정 상태에 빠지지.

야동도 그래. 처음에는 호기심 때문에 눈을 동그랗게 뜨고 화면을 주시해. 그런데 시간이 갈수록 그렇지 않아. 으레 보게 되지. 중독자처럼. 처음에는 이유라는 게 있지만 시간이 흐를수록 그 이유보다는 습관만 남아. 습관의 힘은 무서워.

섹스는 있고, 사랑은 없다

나는 야동을 내 나름 많이 봤기 때문에 실전에서도 잘할 것이라 생각했어. 하지만 전혀 그렇지 않았어. 일단 나는 포르노 배우가 아니야. 상대인 네 엄마도 전혀 아니지. 사랑하는 마음으로 서로의 몸을 어루만져야 하는데, 내가 본 것은 과격한 또는 과장된 동작이어서 네 엄마의 오해를 사기도 했어. 나도 잘하지 못하는 것 같아 위축되었지. 그래서 처음에는 섹스를 즐기지 못했어.

야동은 즐기는데, 섹스는 즐기지 못한다? 무슨 말도 안 되는 말인가 싶지? 이는 왈츠를 온라인 강의로 익힌 탓에 다른 사람과는 춤추지 못하는 것 이상의 문제야. 야동은 분명 섹스를 주된 내용으로 담고 있어. 하지만 섹스의 본질을 담고 있지는 않아. 섹스는 사랑을 표현하고 서로의 마음을 나누는 방법 중의 하나라는 본질 말이야.

사랑을 이해하고 야동을 봤다면 받아들여야 하는 것과 그렇지 않은 것을 구별하며 제대로 즐겼을 것 같아. 배우의 몸과 체위 자체가 아니라 그 너머에 있는 사랑의 교감까지 생각하면서 말이야. 그런데 야동은 사랑까지 다루는 경우가 거의 없어. 사랑한다고 '주장'하거나, 사랑 따위 필요 없이 욕망만 채우면 된다는 식의 극단적인 내용만 있지. 현실에도 그런 섹스는 있을 거야. 하지만 둘 중에 어떤 것이 더 즐길 만한 섹스일지 생각해 보면 선택은 명확해.

경험 많은 아빠와 엄마의 조언을 믿으렴. 야동은 즐길 만한 대상이 안 돼. 물론 섹스는 즐길 수 있어. 야동을 보면 본 것은 많은데 할 것은 많지 않아서 스트레스를 받아. 나와 섹스하는 상대방은 야동 배우가 아니야. 사랑하는 사람이지. 섹스를 통해 사랑을 전달하고 싶은 사람. 그런데 야동 속 상황은 폭력에 가까워. 자신이 얼마나 섹스를 잘하는지 보여 주려고 상대의 상황을 살피지 않고 마구 욕망을 분출하지. 사랑은 상대방을 살피는 거잖아? 상대가 불편하다고 하면 멈추고, 싫다고 하면 하지 않고, 아직 준비되지 않았다면 기다려 주며 교감하는 것인데, 야동에는 한 사람의 욕망만 있어. 상대방의 욕망을 무시한다면 그것은 자위와 별로 다르지 않아. 욕망을 분출할 수만 있다면 상대가 누구여도 상관없는 것이지. 그건 사랑이 아니잖아.

나는 차라리 로맨스 영화를 보라고 권하고 싶어. 노출 수위가 높아도 좋아. 출발점과 종착점이 사랑이기만 하다면 말이야. 네가 하고 싶은 것도 그냥 섹스가 아니라 사랑을 바탕으로 한 섹스일 테니, 간접 체험을 해도 좋은 것으로 하기를 바라.

사랑에도 공부가 필요해

사랑은 섹스를 통해서만 느낄 수 있는 것이 아니야. 따뜻한 눈길, 팔만 스쳐도 갈비뼈까지 찌릿찌릿해지는 느낌, 두 팔을 벌려 안았을 때 전해지는 자신과 상대방의 심장 소리를 통해서도 알 수 있어. 사랑하면 섹스를 하는 시간보다 그렇게 사랑을 전하는 시간이 더 많을 거야. 식당, 카페, 거리에서 내내 섹스를 할 수는 없으니까. 사랑을 해도 섹스하는 시간은 그리 길지 않아.

둘만의 공간이 아닌 곳에서 사랑을 전하는 방법이 담긴 영상을 보면 더 좋겠어. 아빠가 너희와 영화를 볼 때 진한 스킨십 장면이 나와도 그냥 보게 하는 것 역시 다양한 사랑 표현을 간접 체험하기를 바라는 마음으로 그러는 거야.

결론적으로, 야동을 즐기지 말라는 것은 너희가 여자라서가 아니야. 남자든 여자든 야동은 즐길 대상이 못 돼. 야동보다 섹스와 사랑에 관심을 더 가지기를 바라. 책과 상담을 통해 건강한 성 지식을 얻고, 야동이나 자위 외에 성욕을 해소할 창의적인 수단도 찾기를 응원할게. 여자라는 이유로 욕구를 억압하지는 마. 성별과 상관없이 당당하고 현명하게 욕구를 풀어 나가기를 바랄게.

사랑의 일부인 섹스를 과장한 야동만 보면 네 사랑도 왜곡될 수 있어. 너도 야동을 보며 섹스를 상상하고 연습한 사람과 사귀고 싶지는 않을 거야. 더 나은 방법으로 사랑을 나누고 싶다면, 더 나은 표현을 찾으려 노력해야 해.

10.

상처 주지 않고 거절할 수 있을까?

#고백 #거절 #착한 아이 콤플렉스 #갈등

🏛 규리의 질문

나 오늘 좀 심각한 일이 있었어. 내 초등학교 동창 있잖아, 은창이······. 걔랑 나랑 학교는 다른데 같은 도서실을 다니거든? 언젠가 아빠가 나 도서실에 데려다준다고 왔을 때 봤던, 옆자리에 있었던 그 남자애 말이야. 오늘 걔를 도서실 계단에서 마주쳤는데, 자리 없으니까 같이 카페 가서 공부하자는 거야. 커피는 자기가 사겠다면서. 아······, 그때 의심했어야 하는데.

공부할 땐 별말 없어서 진짜 아무 생각 없었어. 그런데 집에 오는 길에 자기가 데려다주겠다고 하길래 뭔가 이상하다고 생각했는데 웬걸, 걔가 갑자기 날 예전부터 좋아했다고 고백하는 거야! 참고로 나는 걔를 딱히 다정하게 대하지도 않았어. 그냥 동창이니까 가끔 봤을 뿐이야. 한 달에 한 번 동창들이랑 만나서 놀았을 뿐이라고! 근데 걔가 날 좋아한대······. 난 상일이랑 사귀고 있어서 고백을 받아 줄 수 없는데······. 근데 거절하면 은창이가 상처받을 것 같아. 걔 진짜 유리 멘탈이란 말이야. 상처 주지 않고 거절할 수는 없을까?

규리야, 아빠가 매번 신나게 답을 해 준다고 이렇게 나오면 안 되지. 너 고민을 말하는 거야, 자랑을 하는 거야? 모태 솔로 앞에서 그런 이야기하면 너 돌 맞아.

알아. 너 너무 심각해 보여서 장난 좀 쳐 봤어. 얼마나 큰 고민인지 알아. 아빠도 고백 많이 받아 봤거든. 또 장난치는 거냐고? 아니야……. 진짜 네 엄마랑 연애하는 동안 여러 번 고백을 받았어. 정말이야.

아빠는 그때마다 상대방에게 큰 상처를 주면서 거절했어. 그런데 나중에 생각하니 너무 미안하더라. 상대방은 진심을 다해 고백했는데 나는 골칫거리 취급하며 싫은 티를 팍팍 냈거든. 정이 뚝 떨어졌을 거야. 결국 나를 싫어하게 되었지. 좋은 방법이라고? 아니야. 목적은 나를 싫어하게 만드는 것이 아니라 거절이었으니 나쁜 방법이었어. 상처 줄 목적도 아니면서 상처를 줬으니 정말 나쁜 선택을 한 것이지. 몇 번의 시행착오를 통해 얻은 교훈을 이야기할게. 너는 좋은 선택을 하면 좋겠다.

좋은 거절과
나쁜 거절

'거절'의 사전적 의미는 '상대의 요구, 제안, 선물, 부탁 등을 받아들이지 않고 물리치는 것'이야. 범위가 너무 넓고 추상적이지? 우리는 좀 더 구체적으로 정의해 보자. 목이 말라 죽기 직전인 친구가 물을 달라고 했는데 그 요구를 물리치는 것은 거절보다 '배신'이나 '냉정'이라는 이름이 더 어울릴 테니까.

내가 생각하기에 거절은 '자신의 행복을 지키기 위한 방어'야. 그리고 거절에는 좋은 거절과 나쁜 거절이 있어. 나쁜 거절은 '상대의 요구, 제안, 선물, 부탁 등을 무조건 받아들이지 않고 물리치는 것'이야. 나에게 유익하든 안 하든 어떤 조건도 따지지 않고 그냥 거절하는 것이지. 당장 부담이 되거나 귀찮으니까, 또는 아무 생각 없이 습관적으로 거절하는 것이 여기에 해당돼. 예전에 아빠가 했던 거절처럼.

좋은 거절은 조건을 고려한 거절이야. '상대의 요구, 제안, 선물, 부탁 등을 (   ) 따져 본 다음에 받아들이지 않고 물리치는 것'이야. 괄호 안에 어떤 말을 넣느냐에 따라 더 좋은 거절이 될 수도 있고 아닐 수도 있어. '나에게 그 일을 할 시간이 있는지', '내가 할 수 있는 일인지', '내가 원하는 일인지' 같은 말을 괄호 안에 넣을 수 있겠지. 조건을 꼼꼼하게 따지는 것이 핵심이야.

이러한 자세는 거절할 때뿐만 아니라 요구를 받아들일 때도 필요해. '귀찮으니까 그냥 상대방의 부탁을 들어주자'라고 하면 어떻게 될까? '친구가 시험 볼 때 답안지를 넘겨 달라고 했는데, 이것저것 생각하기 귀찮으니까 그냥 들어주자'라고 하거나 '애들이 같이 ○○를 때리러 가자고 했는데 그냥 들어주자'라고 하면? 이런 식으로 상대방의 요구를 무조건 들어주면 당시에는 별일 없이 넘어간다 해도 언젠가 더 무리한 요구를 해 와서 결국 곤란해질 가능성이 높아.

거절 조건은 육하원칙을 모두 따지는 것이 가장 좋지만, 너무 복잡할 때는 딱 두 가지만 기억해. '누구'와 '무엇'. 우선 부탁해 온 상대방이 누구인지 따져 봐. 뭐라도 도움을 주고 싶은 사람이라면 굳이 거절할 필요가 없겠지. 문제는 그렇지 않은 상대가 부탁을 해 오는 경우야. 그럴 때는 네가 상대를 어떻게 생각하는지 살펴야 해. 계속 사귀고 싶은 사람인지, 잘 모르는 사람인지, 굳이 사귀고 싶지 않은 사람인지 따지는 거야.

그리고 또 하나, 네가 하고 싶은 일인지 따져야 해. 네가 할 수 있고 해 주고도 싶은 일이라면 하면 돼. 문제는 네가 할 수 있는 일이지만 굳이 하고 싶지 않은 경우야. 네가 할 수 없는 일을 요구하는 경우도 문제가 되겠지. 말장난 같겠지만 잘 들어 봐.

하고 싶지 않거나 할 수 없는 일을 요구받으면 스트레스가 생겨. 그럴 때는 하고 싶지 않은 이유를 찾고 그걸 상대방에게 그대로 전하면 돼.

"사귀는 사람이 있어. 그 사람과 헤어지고 싶지 않고, 양다리 걸치고 싶지도 않아. 그래서 네 마음은 받을 수 없어. 네가 나쁜 사람이어서가 아니라 내 기준 때문에 거절하는 거야."

만약 상대방이 "그 사람과 헤어질 때까지 기다릴게. 그때는 만날 수 있지?"라며 매달린다면 어떻게 해야 할까? "그래도 너는 절대 아니야"라고 대답하면 상대방이 상처를 받을 거야. 미래는 아무도 모르니, 그냥 있는 그대로 이야기하면 돼.

"앞으로의 일은 아무도 모르니까 어떤 약속도 할 수 없어. 만일 내가 헤어진다면 그때의 감정 상태는 지금과 다를 거야. 그때 다시 고민해야겠지. 일어나지 않은 일에 대해 지금의 감정 상태로 답할 수는 없어."

그래도 대답해 달라고 매달린다면? 다시 한번 확실하게 말하면 돼.

"1년 전 네가 나를 좋아하게 될지 몰랐던 것처럼 1년 뒤 나한테 어떤 감정이 생길지는 아무도 몰라. 나는 사실만 말하는 거야. 네가 싫고 좋고의 문제가 아니야. 그런데도 네가 내 말을 이해하지 못하면 나는 네가 싫어질 거야."

착한 아이
콤플렉스 버리기
💬

그래도 상대방이 대답해 달라고 매
달린다면, 행동에 나서야 해. 단호
하게 자리를 박차고 나와. 그 사람이 상처받지 않겠냐고? 상처 주
지 않으려고 고백을 받아들이면 어떻게 될까? 좋아하는 마음이 없
으니 사귄다 해도 상대방이 실망할 테고, 원래 만나던 사람도 상처
받을 거야. 결국 '착한 선택'에서 더욱 멀어지겠지.

거절하는 힘을 갉아먹는 착한 아이 콤플렉스에서 벗어나야 해.
사람들은 착한 아이, 착한 여자, 착한 남자, 착한 사람이라는 인정
을 받기 위해 자신의 욕구를 억압하는 경향이 있어. 이것을 착한
아이 콤플렉스라고 해. 착한 것은 좋아. 대부분의 경우에는 말이
야. 하지만 항상 좋은 건 아니야. 억지로 착해지려 노력할 때는 특
히 그래.

어릴 때는 다른 사람의 칭찬에 민감해. 그런데 너무 다른 사람
의 반응에 의존하는 식으로 자라면 자기 마음에 들지 않는 일도
다른 사람을 위해서 꾹 참고 하게 돼. 그런 선택이 반복되면 마음
의 병이 생길 수 있어.

착한 아이 콤플렉스는 '착함'의 개념을 매우 단순하게 왜곡시
켜. 자신은 무엇을 착하다고 생각하는지, 사회는 무엇을 착하다고
평가하는지 꼼꼼하게 살피지 않아. 그저 말을 잘 들으면 착하고,

말을 잘 듣지 않으면 착하지 않다고 생각해 버려. 다른 사람의 말이 기준이 되지.

착한 아이 콤플렉스에 빠지면 '사람들의 말을 잘 듣지 않으면 착하지 않은 것이고, 착하지 않으면 사람들에게 사랑받을 수 없다'라고 강하게 믿게 돼. 그래서 어떤 요구를 받았을 때 거절할지 말지 쉽게 결정하지 못해. 결국 거절하지 못하고 그 사람의 말을 따르지.

착한 것은 '말 잘 듣는 것'이 아니야. 예를 들어 볼게. 조직폭력배 두목은 어떤 사람을 착하다고 생각할까? 자기 말을 잘 듣는 조직원일까, 범죄 신고를 한 사람일까? 자신이 시키기만 하면 끔찍한 범죄도 저지르고 기꺼이 감옥에도 가는 '말 잘 듣는' 조직원을 착하다고 생각할 거야. 그 조직원도 스스로를 그렇게 생각할 가능성이 높고.

사람은 누구나 좋은 평가를 받고 싶어 해. 온라인상에서 얼굴도 모르는 사람들의 댓글에 신경을 쓰는 이유이기도 하지. 그런데 이런 성향이 강해지면 좋은 평가를 받기 위해 다른 사람의 말을 거스르지 못하고 어떻게든 갈등을 피하게 돼. 물론 진심으로 상대방을 위하는 마음이 있거나 자신의 본성이 그 일에 맞으면 문제될 것 없어. 하지만 자신이 하는 일과 자신의 욕구가 다르면 우울해져.

자신을
존중하는 마음

착한 아이 콤플렉스에는 다음과 같
은 사고방식도 깔려 있어.

'내가 착하게 굴면 사람들이 행복해질 거야. 사람들은 그 보답
으로 나를 인정해 주고 사랑해 주고 아껴 줄 거야. 그러면 나도
행복해질 거야.'

그런데 잘 봐. 이 경우 행복의 기준은 사람들의 인정과 사랑에
있어. 그게 없으면 행복해질 수 없다고 생각하지. 그러다 보니 더
큰 인정과 사랑을 받기 위해 사람들의 눈치를 보고, 남들이 인정
해 주지 않으면 불안해해.

이런 사고방식의 이면에는 낮은 자존감이 자리 잡고 있어. 착
한 아이 콤플렉스를 가진 사람은 자존감이 낮고, 눈치를 많이 본
다는 특징이 있어. 이들은 사람들의 기대치에 맞추느라 틀에 박
힌 생활을 하기도 해. '남들 다 하니까', '나만 안 하면 이상한 사람
취급을 받으니까'라는 생각으로. 또 상대방의 요구를 거절했다가
'나쁜 사람'으로 찍힐까 봐 걱정해. 그런 데 신경 쓰느라 정작 자
신의 마음은 돌보지 못해서 병들지.

착한 아이 콤플렉스에 빠지면 사람들의 요구를 들어주면서 잠
시나마 안정감을 느껴. 인정받았다고 생각해서 일단 한숨 돌리는
거야. 나쁜 사람으로 찍히지 않을 의무 할당량을 채운 것처럼 안

거절하고 싶지만
나쁜 사람은
되고 싶지 않아.

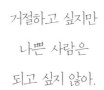

무조건 참는다고
착한 사람이
되는 건 아니야.

심하지. 하지만 숙제를 했다고 해서 엄청 행복해지진 않듯, 그렇게 행복하진 않아. 곧 또 다른 의무 할당량이 생기거든. 자신이 의지와 다른 행동을 했음을 무의식적으로 깨달아 답답함을 느끼기도 해. 그러니 착한 아이 콤플렉스는 벗어나는 게 답이야.

착한 아이 콤플렉스에 빠진 사람들은 무리한 요구를 받아도 '이 사람이 나쁜 사람일까?'보다 '거절하면 내가 나쁜 사람이 될까?'를 더 많이 고민해. 다른 사람의 인정이 중요하니까. 바로 그 마음에서 벗어나야 해. 어떻게? 반대로 생각하면 돼. '이런 요구를 하는 이 사람은 나쁜 사람일까?'를 더 고민하는 거야. 그 사람이 나쁜 사람이라면 그의 요구를 거절해도 나쁜 사람이 되지 않아. 어떻게 거절할지만 고민하면 돼. 상대방 또는 그가 한 요구의 특성을 고려해서 가장 적절한 방법을 고른 뒤 실행하면 되는 거야.

상대방이 네 말을 듣지 않고 무조건 자신의 마음을 받아 달라고 요구하면, 그 사람 말을 듣지 말고 단호하게 거절하면 돼. 네가 여러 조건을 고려해 판단한 뒤 상대를 존중하며 거절 의사를 밝혔음에도 그가 듣지 않는다면 요구를 무조건 거절하는 쪽은 네가 아니라 상대방이야. 이럴 때는 네 행복을 위해 네 뜻을 방어해야 해. 끝까지.

갈등도
쓸모가 있어

착한 사람으로 인정받기 위해 너무 애쓰지 마. 적당히 좋은 사람이 되는 것을 목표로 해. 그래야 착한 아이 콤플렉스에서 벗어날 수 있어. 못되게 굴어도 된다는 말로 오해하지는 마. 그냥 1퍼센트만 덜 착하게 살아 보라는 거야. 앞에서도 말했듯이 착한 아이 콤플렉스에서 말하는 '착함'은 다른 사람의 기준에 따른 것일 뿐 윤리적인 기준이 아니니 죄책감을 느낄 필요 없어.

어떤 요구를 받았을 때 무조건 들어주지 말고 네 상황을 염두에 두고 조율해 봐. 그렇게 해도 상대방과의 관계가 끝장나지 않고 그런대로 유지된다는 것을 확인하면 또 1퍼센트 덜 착하게 살 용기를 얻을 거야. 그러다 보면 언젠가는 요구를 부담 없이 받아주고 부담 없이 거절하는 경지에 이르게 될 거야.

일단 도전해 봐. 거절로 부정적인 평가를 받더라도 네가 두려워하는 만큼은 아닐 거야. 한 번 부정적인 평가를 받았다고 해서 영영 나쁜 사람이 되는 것도 아니야. 만약 상대방이 한 번의 평가로 낙인찍는 사람이라면 네가 비위를 아무리 맞춰도 결국 사소한 일로 틀어질 거야. 모두에게 사랑받겠다는 욕망은 버리길 바라.

우리 사회는 '물의를 일으키면 안 된다'라고 가르쳐. 학교에서든 가정에서든. 어느 정도 맞는 말이야. 하지만 어떤 갈등도 일으키지 말고 무조건 따르라는 것은 아니야. 마음의 건강을 위해서는 갈등도 적당히 겪어 봐야 해. '사람들과 잘 어울려야 한다'라는 말은 무조건 싸우지 말고 참으라는 뜻이 아니야. 잘 어울리려면 잘 맞지 않는 부분이 무엇인지 서로 확인하고 조심하는 단계를 거쳐야 해. 갈등만 조율하면 서로에게 좋은 사람이 될 수 있음에도 무조건 참으며 상대방을 나쁜 사람 취급하는 것이야말로 착한 사람이 할 일은 아니지.

이렇게 말해도 고개를 갸웃거리는 사람이 있을 거야. 착한 아이 콤플렉스에 빠진 사람은 전부 아니면 아무것도 아니라는 식의 극단적인 사고를 해. 만약 진정 '착한 아이'라면 노숙자를 만났을 때 어떻게 할까? 지갑에 있는 몇 천 원이라도 전하려고 하겠지? 하지만 착한 아이 콤플렉스에 빠지면 노숙자가 몇 천 원만큼 편해질 수 있다는 사실을 무시해. 그래 봤자 가난을 벗어나지 못한다며, 목돈이 아니면 소용없다며 아무것도 안 하고 지나치지. 타인의 기대에 완벽하게 부응하지 않으면 소용없다고 착각하는 거야.

그게 바로 병을 만드는 핵심이야. 그런 생각에서 벗어나야 해. 무엇이든 일단 도움을 받으면 사람은 감사함을 느끼게 되어 있어. 만약 감사할 줄 모른다면 무슨 요구든 들어줄 가치가 없는 사람인 거야.

네 삶의 주연은 너야. 조연들의 이야기에 끌려가지 마. 굉장한

악당이나 성자가 될 필요도 없어. 자기 삶의 중심에 서는 것만으로도 충분히 의미 있고 재미있는 이야기를 만들 수 있어. 영화도 그렇잖아. 주연이 중심을 잡아야 이야기도 더 재미있어져. 아빠는 네가 펼쳐나갈 이야기가 궁금해. 그리고 앞으로 네가 네 이야기에 진정 관심을 기울이는 사람들을 만나면 좋겠어.

11.

인싸가
되고 싶어

#인싸 #아싸 #왕따 #친구 #관계적 공격

🏠 규린의 질문

내가 새 학년 올라간 뒤로 친구 이야기 안 했지? 뭐…… 여기저기 나대면서 찰싹 붙었더니 한 그룹에 어찌어찌 들어간 것 같아. 그런데 죽을 맛이야.

그룹에 섞이려면 당연히 친구들 말을 따라야 하잖아. 근데 이게 미치겠어. 특히 이번에는 대장 짓하는 애가 있어서 더 힘들어. 괜찮다고 생각하는 아이돌 욕도 해야 하고, 인사한 적도 없는 애 뒷담화에 맞장구도 쳐야 하고, 자기가 못생긴 거 같다거나 뚱뚱한 거 같다고 할 때마다 "아니야. 너 예뻐!" 하며 달래 줘야 하고……. 진심이랑 다른 행동을 하느라 지쳐. 사소하지만 스트레스 받는 일이 자잘하게 많아.

아빠, 나 아싸 되더라도 싹 다 그만두고 그냥 마음대로 할까? 아……, 아니야. 그건 더 싫어. 급식을 어떻게 혼자 먹어? 남의 비위 맞춰 주면서 하고 싶은 말도 못 하는 건 싫지만 아싸로 다니는 건 더 싫어. 결론은, 하고 싶은 말을 하면서 인싸 되는 법 좀 알려 줘. 사실 아빠도 아싸긴 한데……, 아무튼. 아무튼!

인싸 되는 법이라……. 일단 하나만 물어볼게. 왜 인싸가 되고 싶은 거야? 심리학자가 그것도 모르냐고? 물론 알고 있어. 하지만 직접 듣고 싶어서 그래. 불행하지 않으려고 인싸가 되고 싶은 것인지, 행복하려고 인싸가 되고 싶은 것인지. 그게 그거 아니냐고? 아니야. 불행하지 않으려고 하는 노력과 행복하려고 하는 노력은 달라. 배고프니까 먹는 음식과 맛있게 먹으려고 선택한 음식이 다른 것처럼.

인싸가 되고 싶은 이유가 불행하지 않기 위해서라면, 마음 나누는 친구를 사귈 때만 느낄 수 있는 행복을 얻기 어려울 거야. 네 말대로 무리에서 버려지지 않고 인싸가 되려면 싫은 일도 억지로 하며 속마음을 감춰야 할 테니까.

인간은 관계적 동물이야. 관계 속에서 인정을 받을 때 행복을 느껴.《어른들은 잘 모르는 아이들의 숨겨진 삶》의 저자 마이클 톰슨에 따르면, 인간은 생애 초기부터 줄기차게 관계, 인정, 권력을 추구해. 더 많이 인정받고 싶어서 사람들과 사귀기도 하고, 더 많은 권력을 가지려고 욕심을 부리다가 관계를 망치기도 하고, 자기

집단에서 인정받기 위해 일부러 다른 집단을 배제하기도 해.

너도 관계, 인정, 권력에 대한 욕구 때문에 갈등하고 경쟁할 거야. 집에서는 언니, 학교에서는 반 친구들, 온라인에서는 SNS 친구들과 말이야. 그런데 이렇게 경쟁이 많은 상황에서 인정을 받으려 노력하다 보면 문제가 생겨. 실제와 다른 멋진 모습을 연출해 인정을 받고 더 많은 힘을 가져 관계의 중심에 서려고 하거든. SNS에 멋진 사진이나 멋진 말을 올리는 데 집착하는 사람들처럼 말이야. 그런데 그런 태도는 끝이 좋지 않아. 지붕을 화려하게 꾸민다고 해서 집이 튼튼해지지 않는 것처럼, 화려하게 치장해서 관계를 맺는다 해도 심리적 불안과 상처는 줄지 않아.

어떻게든 진실은 드러나고, 억지로 맺은 관계는 금방 끝나. 너도 해마다 경험하잖아. 새 학기 첫날에는 친해지고 싶었던 애인데 나중에는 '와, 쟤랑 친해졌으면 큰일났겠다'라고 생각한 적 없어? 해가 바뀔 때마다 인간관계를 처음부터 다시 시작하는 기분이 든 적은? 분명 친구를 사귀어 봤고 내 나름 기술도 있는데 제자리인 것 같은 기분. 그래서 너도 고민이 되는 거잖아.

그렇다면 지금까지와는 다른 태도로 관계를 맺으려 노력해야 해. 선뜻 마음이 움직이지 않지? 아빠도 알아. 당장은 과장된 행동들이 관계 형성에 효과적인 것처럼 보이니까. 그렇게라도 또래들과 어울리고 싶다는 것 알아.

왕따당할까 봐
왕따시키는 심리

심리학자 에릭 에릭슨Erik Erikson의 이론에 따르면, 청소년은 소속감에 민감한 성장 단계에 놓여 있어. 청소년에게 가장 큰 상처는 외톨이, 즉 아싸라는 느낌이야. 그래서 그 부정적인 상황에서 어떻게든 벗어나려고 해. 자신을 조금이라도 인정하는 곳이 있으면 거기에 매달리지. 그러다가 사람들이 퍼붓는 관계적 공격을 당하기도 해. 혼자 있으면 받지 않았을 상처를 받는 거야.

관계적 공격은 관계나 우정, 소속감을 훼손하거나 훼손하겠다고 위협하며 공격하는 것을 뜻해. 신체적 공격과 달리 심리적이지. 무시하거나 욕을 하거나 악의적인 소문을 퍼뜨리는 식으로 상처를 주고는 "농담이었어" 하며 발뺌하는 식이야.

누군가는 관계적 공격으로부터 살아남기 위해서 마지못해 범죄를 저지르기도 해. "이거 안 하면 너 왕따시킨다"라는 위협 때문에 집단 폭행에 가담하기도 하지. 이럴 때는 상황의 심각성을 모르고 범죄를 저지르는 경우가 많아. 그저 친구를 만날 생각으로 어울리다가 저지르는 것이니까.

그런데 관계적 공격은 왜 하는 것일까? 외톨이가 될지도 모른다는 두려움을 숨기고 남보다 힘이 세다는 것을 확인하기 위해서야. 왕따를 당할까 봐 먼저 격렬하게 공격하는 것이지. 물론 그렇게 해도 불안은 없어지지 않아. 약한 모습을 보일 수 없으니 속마음도 털어놓지 못해. 여럿이 함께해도 외로울 수밖에 없지. 그 외로움을 숨기려 더 과장되게 행동해. 그러면서 또 다른 사람을 공격해. 이렇게 악순환이 계속되는 거야.

네가 그럴 것이라고는 생각하지 않아. 하지만 네가 인싸가 되고 싶다고 했을 때 좀 걱정됐어. 아싸까지 품는 법을 물어본 것은 아니니까. 인싸가 되면 애들과 우르르 다니며 관계적 공격을 당하거나 저지를 위험도 있잖아. 너를 믿지 못해서가 아니야.

미국의 사회심리학자 니키 크릭Nickki Crick의 연구에 따르면, 현대인은 처음으로 가정의 문턱을 넘어 유치원에 다니면서부터 관계적 공격에 노출돼. 진실한 마음을 나누기보다 생존 전략을 바탕으로 사냥 놀이를 하듯 관계를 맺게 되지. 공격을 피하기 위해 적당히 거리를 두며 관계를 맺으니 속마음을 나눌 사람이 없어 외로워해. 너도 주변에서 그런 또래를 많이 봤을 거야. 이런 현실에서 중요한 것은 관계 맺기의 기술이 아니야. 왜 관계를 맺고 싶은지, 그 관계를 통해 어떻게 변화하고 싶은지를 먼저 생각해야 해. 기술도 방향을 제대로 잡아야 올바르게 사용할 수 있어. 노 젓는 기술이 있어도 노를 반대 방향으로 저으면 앞으로 가지 못하잖아.

마음을 얻는 기술, 마음을 얻는 마음

네가 생각하는 인간관계의 목적은 뭐야? 인기를 얻는 것? 연예인도 아닌데? 만약 어떤 애가 처음부터 연예인처럼 굴면 너는 어떨 것 같애? 걔를 이상하게 볼 거야. 인간관계를 맺을 때는 너뿐만 아니라 상대방의 입장도 생각해야 해. 인싸든 아싸든 인간관계를 제대로 맺으려면 상대방의 입장에서 생각해야 해.

청소년기는 정서적으로 혼란하고 불안한 시기야. 그런 시기를 지나고 있는 네 또래들은 어떤 친구를 필요로 할까? 함께 불안을 나눌 불안 챔피언 친구를 좋아할까, 정서적 안정감을 주는 친구를 좋아할까? 불안을 감추는 과장된 모습보다 안정적인 모습을 보이는 게 낫겠지?

청소년기는 정체성이 발달하는 시기이기도 해. 그러니 '나는 누구고, 무엇을 찾고, 무엇을 해야 하는지'에 관한 고민을 나눌 수 있는 사람이면 더 좋아. 고민을 해결할 사람이 아니라 고민을 나눌 수 있는 사람. 상대방의 고민을 잘 듣고 네 생각을 말하면 되는 거야.

정서적 안정과 정체성 발달이라는 청소년기의 특징을 고려하지 않고 마음을 얻는 기술에만 집중하면 왜곡된 행동을 하게 돼. 억지로 유행어를 쓰고 아이돌 가수 이름을 줄줄 외우고 애들이 좋아하는 것에 관해 덕질을 하며 맺은 인간관계는, 유행이 변하고 아이돌 가수가 바뀌고 덕질 대상이 바뀌면 원점으로 돌아가. 마치 과제를 하는 기분으로 살아야 하니 스트레스도 많이 받아.

차라리 혼자인 게 낫다는 생각이 들 수도 있어. 모든 관계를 끊고 싶겠지. 하지만 그러면 금세 외로워질 거야. 외로움이 극에 달하면 다시 어딘가에 소속되고 싶어질 테고, 여기저기 기웃거리다가 무리에 들어갈 거야. 불행하지 않기 위해서 말이지. 그러면 그 집단에서 떨어져 나갈까 봐 싫은 것도 억지로 참게 돼. 그러다 폭발하거나 관계적 공격을 방관하는 악순환에 빠지겠지.

악순환에 빠지지 않으려면 스스로 인간관계를 맺는 목적이 무엇인지 명확히 해야 해. 아빠는 양보다 질을 선택하는 것이 좋다고 생각해. 재미없는 영화 100편 보는 것보다 재미있는 영화 1편 보는 것이 행복하듯이, 인간관계도 또래들로부터 인정받는 인싸가 되기보다는 제대로 된 친구 한 명을 더 사귀는 게 좋을 거야. 친구가 있으면 아싸도 아니잖아.

날씨 인사로
시작하자

친구는 어떻게 사귀어야 할까? 일단 공통점이 있는 사람이어야 해. 동호회도 같은 관심사를 중심으로 모인 사람들이 함께 취미를 즐기며 인간관계는 너무 피곤해.
차라리 혼자인 게 낫겠어.

진정한 우정이 주는
행복을 포기하지 마.

관계를 맺는 장이잖아. 공통점이 있으면 더 쉽게 친밀감을 느낄 수 있어. 어디 여행을 가서도 같은 동네에서 왔다는 사람을 우연히 만나면 왠지 더 친근하게 느껴지잖아.

다른 사람과의 공통점을 찾으려면 일단 자신의 특성부터 파악해야 해. 그리고 그 특성을 가진 사람에게 다가가는 거야. 만약 차이점이 발견되면 어떻게 할까? 가차 없이 떠날까? 아니야. 너무 똑같은 친구를 만나면 시간이 갈수록 지루해질 거야. 반면 다른 점이 있는 친구는 시간이 갈수록 새로운 면이 보여 즐거워질 거야.

그 차이점이 함께하기 어려울 정도로 치명적이면 안 돼. 너는 한식을 좋아하는데 그 친구는 양식을 좋아한다면 둘 다 만족스럽게 밥 먹기는 힘들 거야. 처음에는 상대를 배려한다며 참아도 결국에는 폭발하겠지. 하지만 이 경우도 시간이 쌓이면 달라질 수 있어. 둘 다 분식을 좋아할 수도 있잖아. 그 사실을 확인할 시간 정도는 필요해.

그리고 일단 가까워지려면 말을 섞어야 해. 대뜸 다가가 "5분 안에 너의 특성을 모두 나열하시오"라고 하면 친해질 수 있겠어? 말투를 바꾼다고 해도 꼬치꼬치 질문을 하면 짜증만 날 거야. 특성을 알아보기 위해 "네가 좋아하는 아이돌은 누구야?"라고 물었는데 네가 좋아하는 연예인과 싸운 아이돌이라고 답한다면? 그것도 곤란하겠지. 자연스럽게 이야기를 나누며 특성을 알아보려면 중립적인 입장을 취할 수 있는 질문부터 해야 해. 외국어 책에 예문으로 꼭 나오는 날씨 인사부터 하는 거야.

"오늘 정말 맑다. 좋지 않니?"

그런데 상대방이 다음처럼 답하면 어떻게 할까?

"나는 비오는 날이 더 좋아."

이 말만 듣고 '나랑은 특성이 다르구나' 하면서 돌아서면 안 돼. 날씨 정도는 양보해도 되잖아.

"나도 비오는 날이 좋아."

근데 이렇게 답하면 자아분열증 환자 취급을 당할 거야. 아까는 맑은 날이 좋다고 했잖아. 억지로 꾸며 댈 필요는 없어. 다음처럼 답하면 돼.

"그렇구나. 나랑 친했던 애도 너처럼 비오는 날을 좋아했어."

과거를 이야기하는 것 같지만 사실은 미래를 이야기하고 있다는 것, 느껴지니? 상대방도 네가 자신에게 호감을 품고 있음을 느낄 거야. 상대방 역시 호감을 느끼겠지.

비오는 날을 좋아하는 친구가 없다면, 이렇게 말할 수도 있어.

"나도 가끔은 비오는 날이 좋아."

거짓말이라고? 아니야. 매일은 아니어도 가끔은 좋을 수 있잖아. 사람의 감정은 수시로 변하니까. 군이 독립운동을 하듯이 "나는 목에 칼이 들어와도 절대로 비오는 날은 싫어"라고 할 필요는 없어.

설령 거짓말이라고 해도 '하얀 거짓말'이니까 괜찮아. 미용실에서 머리를 하고 왔는데 모양이 마음에 안 들어서 속상해하는 엄마에게 "정말 이상하네. 내가 해도 이보다는 잘 나왔겠다"라고 말하는 대신 "이번에는 되게 독특하게 나왔네"라고 말하는 것처럼 말이야. 상대방을 배려해서 하는 이 정도 거짓말은 괜찮아.

진심을 나눌 친구가 있다면

사람들은 친밀한 관계를 원해. 그런데 친밀함은 무조건 가까운 것이 아니야. 그보다는 지속적으로 교류할 수 있는 상태에 가까워. 나와 상대방이 각각 고유성을 잃지 않으면서 지속적으로 '우리'를 생각할 수 있는 상태. 친밀함을 제대로 이해하지 못하면 무조건 공통점만 찾으며 고유성을 희생해야 한다는 부담을 느끼게 돼. 그럴 필요없어.

친구는 개인적인 이야기를 나누는 사이지만 처음부터 다짜고짜 비밀을 공유하려고 하면 부담스러울 수 있어. 그럼 멀어지게되겠지. 그러니 시간을 두고 조금씩 공유해야 해. 단계별로 말이야. 네 아빠가 인싸라는 비밀은 나중에 아주 친한 친구에게만 말하렴. 그건 비밀이 아니라 거짓말이라고? 맞아……. 솔직히 인싸는 아니야. 하지만 진실한 친구는 있지. 그래서 행복해. 네가 인싸가 되고 싶은 이유가 행복하기 위해서라면, 인싸는 아니지만 친한 친구들이 있어 행복한 아빠를 보며 양보다 질을 선택하기를 바라. 그리고 너의 친한 친구 목록에 아빠도 있기를 바랄게.

과연 사랑을 할 수 있을까?

#사랑 #연애 #사랑의삼각형

#친밀감 #열정 #헌신 #소통

나도 마음 잘 맞는 사람을 만나 행복하게 살고 싶어. 어쩌면 평생 함께할 사랑을 만날 수도 있겠지. 하지만 그건 어디까지나 바람이고, 현실은 전혀 그렇지 않은 것 같아. 여자가 야동 보는 것을, 정확히 말하면 여자가 성적으로 밝히는 것을 혐오하는 남자들을 내 눈으로 직접 봤어. 뉴스에서는 여전히 남자친구에게 무자비하게 살해당한 여자들의 이야기가 나와. 어쩌면 내가 피해자일 수도 있었던 사건들이야.

사랑하는 사람과 행복하게 살고 싶지만 그런 사람을 찾기까지 감수해야 할 위험이 너무 커. 아무리 내가 조심해도 운 나쁘면 폭행당할 수도 있고, 살해당할 수도 있어. 위협을 느껴 경찰에 신고해도 사랑싸움 취급을 받으며 무시당할 수도 있고. 그러면 피해 보는 건 나밖에 없잖아.

하지만 아빠, 그래도 혼자 살면 너무 외로울 것 같아. 나는 과연 사랑을 할 수 있을까? 위험을 감수하고 도전할 만큼 사랑은 가치 있는 일일까?

사랑하기 겁난다니, 씩씩한 우리 딸답지 않은걸? 문제가 있으면 해결하면 돼. 충분히 할 수 있어. 너무 겁먹지 마.

심리학 연구 결과에 따르면 사람은 그 어떤 물질을 소유하는 것보다 사랑할 때 큰 행복을 느낀다고 해. 사랑은 축복이야. 축복이 되도록 노력만 하면 말이지. 사랑을 하려면 사랑이 무엇인지부터 알아야 해. 그래야 사랑을 어떻게 할지도 알 수 있어.

사랑이란 무엇일까? 상대방을 좋아하는 마음이야. 그럼 상대방을 좋아하는 마음은 모두 사랑일까? 그건 아니야. 좋아하는 마음은 사랑에 포함되지만, 사랑에는 좋아하는 마음만 있는 것이 아니야. 심리학자 직 루빈Zick Rubin은 좋아하는 감정 외에 애착, 배려, 친밀감, 이 세 가지 요소로 사랑이 이뤄져 있음을 밝혔어.

애착은 다른 사람에게 인정받고 싶고 신체 접촉을 하고 싶은 욕구야. 사람은 누구나 곁에 누군가가 있기를 바라고, 이왕이면 그 사람이 자신을 특별하게 여기기를 바라. 그게 바로 애착이야.

배려는 자신뿐만 아니라 다른 사람의 행복과 욕구까지 존중하는 마음이야. 자신의 욕심만 채우려 하는 것은 지배욕일 뿐이야.

입맞춤하기 싫다는데 억지로 한다면 배려심이 없는 거야. 사랑이 아니지.

친밀감은 서로의 감정과 생각, 욕망을 나누고 싶은 마음이야. 우정과 비슷하다고? 맞아. 그런데 사랑의 경우 나누고 싶은 욕망에는 성욕도 있어. 우정과 달리 거의 모든 욕망을 나누지. 친구와 "우리 친하잖아" 하면서 섹스를 하지는 않잖아? 친하다는 이유로 결혼하지도 않고. 물론 친구였다가 연인이 될 수는 있지만 말이야.

사랑의 삼각형

직 루빈 말고도 많은 심리학자가 사랑을 연구했어. 그중 대표적인 사람이 로버트 스턴버그Robert Sternberg야. **사랑의 삼각형**이라는 이론을 내놨지. 꼭 트로트 제목 같지? 스턴버그는 친밀감, 열정, 헌신이 있어야 사랑이라고 주장했어. 친밀감은 이미 설명했으니 나머지 두 가지만 이야기할게.

열정은 사랑이라는 감정에 불을 붙이는 원천이야. 애니메이션에서는 눈에서 하트가 발사되는 모습으로 그려지곤 하지. 보자마자 한눈에 반해 죽음까지 불사하며 사랑한 로미오와 줄리엣이 대표적이야.

헌신은 사랑에 대한 책임감이야. 길에서 만나는 사람마다 사랑한다고 고백하는 사람이 있다고 상상해 보자. 그는 사랑이 넘치는 걸까? 세상 사람들은 '천하의 몹쓸 바람둥이'라며 손가락질할 거야. 사랑으로 인정하지 않지. 상대방에 대한 헌신이 없기 때문이야. 왕자를 구하기 위해 자신의 목숨을 버린 인어공주의 사랑이 헌신의 대표적인 사례야.

열정, 헌신, 친밀감을 갖추는 것, 이게 바로 스턴버그가 말한 사랑하는 방법이야. 그런데 이게 다는 아니야. 아빠 생각에는 '소통'도 반드시 필요해. 소통은 기본적으로 말하기와 듣기야. 제대로 자신의 마음을 말하고 다른 사람의 말을 들어야 사랑할 수 있어. 그렇지 않으면 아무리 위대한 지성과 능력이 있어도 사랑할 수 없어.

조각가 오귀스트 로댕Auguste Rodin을 사랑한 카미유 클로델Camille Claudel, 화가 디에고 리베라Diego Rivera를 사랑한 프리다 칼로Frida Kahlo 등 유명한 예술가들도 힘겹게 사랑했어. 사진작가 알프레드 스티글리츠Alfred Stieglitz와 화가 조지아 오키프Georgia O'Keeffe처럼 행복하게 사랑을 나눈 예술가는 드물어.

예술 학교를 졸업한 뒤 학교에서 미술을 가르치던 오키프는 1916년 스티글리츠를 만나. 그러면서 인생의 전환점을 맞지. 당시 스티글리츠는 52세고, 오키프는 30세였어. 오키프는 항상 당당했고, 스티글리츠는 그 당당함에 반해 버렸어. 그녀의 그림에도 빠졌지. 두 사람은 서로에 대한 '열정'을 불태웠어.

스티글리츠는 오키프를 신이 만든 작품으로서 존중하며 모델로 삼았어. 평생 1,000여 점의 오키프 사진을 찍었지. 스티글리츠가 그녀의 매력에 얼마나 푹 빠졌었는지 짐작이 되지? 이후 오키프는 미술 평단에 소개되었고, 미국 역사상 가장 위대한 화가 중 한 사람으로 인정받아.

오키프와 스티글리츠는 1924년 결혼해. 오키프는 결혼한 뒤에도 남편의 성性을 따르지 않고 결혼 전 성을 그대로 사용하며 독립성을 유지했어. 두 사람 모두 서로에게 종속되지 않고 각자 자신의 예술 세계를 펼쳤지. '친밀한' 동반자로서 서로를 존중하며 사랑한 거야.

1946년 스티글리츠는 노환으로 죽음을 맞이해. 이후 오키프는 뉴멕시코의 사막으로 떠나 은둔 생활을 하며 자연을 통해 정신세계를 표현하는 명작을 내놓았어. 재혼도 하지 않았어. 인터뷰를 할 때면 "스티글리츠는 이 문제에 대해 이렇게 생각했을 거예요" 하며 그를 떠올리고, 자신의 사랑에 '헌신'하며 끝까지 '소통'했지.

오키프는 1986년 101세의 나이로 생을 마감할 때까지 작품 활동을 계속했어. 노안으로 시력이 떨어지자 후배 예술가에게 공예와 조소를 배워 창작을 시도했을 만큼 열정적으로 작업했어.

오키프의 삶을 보면 그녀의 사랑이 그녀 자신으로서 사는 데 큰 역할을 했다는 생각이 들어. 누군가의 삶에 끌려들어 가 자신을 아예 바꾸는 것과 다르지. 너희도 자기 자신으로 살게 하는 사랑을 했으면 해. 친밀감, 열정, 헌신, 소통을 기억하면서 말이야.

사랑은 빠지는 것일까, 하는 것일까?

사람은 행복하기 위해 살아. 공부를 하고 돈을 벌고 노는 것도 결국 행복하기 위해서야. "돈을 벌기 위해 행복을 누린다"라는 말보다 "행복하기 위해 돈을 번다"라는 말이 자연스럽게 느껴지는 것도 행복이 궁극적인 목적이기 때문이야. 그런데 행복에는 사랑이 필요해. 공부를 잘하거나 재능이 많아도 사랑이 없으면 공허함을 느끼기 쉬워.

심리학자 에리히 프롬Erich Fromm은 《사랑의 기술》이라는 책에서 "사랑은 본능적으로 저절로 발현되는 것이 아니라, 후천적인 학습을 통해 얻어지는 기술"이라고 했어. 아빠도 그렇게 생각해. 사랑을 배우지 못하면 사랑이 얼마나 소중한지도 알 수 없어. 사랑할 사람이 나타나도 알아채지 못하지. 사랑을 느낀다 해도 사랑을 표현하는 기술을 모르면 제대로 나눌 수 없어. 그래서 사랑의 기술을 배워야 해.

프롬이 했던 질문을 너에게 할게. 사랑은 빠지는 것일까, 하는 것일까? 둘 다라고? 프롬에 따르면, 사랑은 수동적으로 빠지는 게 아니야. 사랑이라는 공간에 우연히 발을 디뎌 빠지는 게 아니라 능동적으로 선택하는 거야. 그렇기에 프롬은 기술을 배워야 한다고 주장했어.

그래도 빠지는 게 좋다고? 그럼 이렇게 생각해 보자. 우연히, 그러니까 수동적으로 사랑에 빠진다면 언젠가 그 사랑은 우연히 떠나 버리지 않을까? 그럼 또다시 우연히 사랑에 빠질 기회만 기다리며 슬픔 속에서 살아야 할 거야. 반대로 능동적으로 사랑을 선택하면 혹시 그 사랑이 실패로 끝난다 해도 교훈을 얻을 수 있어. 이를 바탕으로 더 나은 사랑을 선택할 수 있지.

흔히 사랑의 기술이라고 하면 스킨십과 섹스만 생각해. 하지만 성에 대한 호기심만 가지고 상대방에게 접근하면 상처를 입을 수밖에 없어. 성은 사랑을 표현하는 하나의 수단일 뿐이니까. 섹스의 기술은 사랑에 대해 깊이 성찰하고 성숙한 뒤에 고민하는 것이 좋아. 성욕을 채우는 것이 목적이라면 그것은 사랑이 아니야.

목표는
오로지 행복

사랑은 주는 것일까, 받는 것일까? 네게 동생이 두 명 있다고 상상해 봐. 한 명은 사랑을 받겠다고 하고, 다른 한 명은 주겠다고 해. 그러

사랑은 나도 모르게
빠지는 거잖아.

우연히 빠진 사랑은
우연히 떠나 버리지
않을까?

면 누가 진정한 사랑을 받을까?

결과적으로 주고받는다고 해도, 일단 주려는 태도를 가져야 해. 그래야 받을 확률이 높아져. 물론 받는 것 봐서 준다는 식으로 생각하면 안 돼. 그건 경제적 이익을 추구하는 자본가의 태도지, 사랑하는 사람의 태도가 아니야. 아빠가 너희에게 사랑을 주면서 "너희가 얼마나 주는지 보고 줄 거야"라고 하면 어떻겠니? 중세의 철학자 바뤼흐 스피노자Baruch de Spinoza, 근대의 사랑꾼이자 천재였던 요한 볼프강 폰 괴테Johann Wolfgang von Goethe, 현대의 심리학자 에리히 프롬 모두 사랑은 주는 것이라고 말했어.

사랑은 주는 것이야. 물론 그럴 가치가 있는 대상에게 줘야겠지. 그럼 그 대상은 어떻게 알아볼까?

여기서 질문을 하나 할게. 사랑은 어두운 동굴에 가까울까, 밝은 촛불에 가까울까? 어두운 동굴이라고 생각했다면 너는 사랑이 아닌 다른 것을 떠올린 거야. 행복의 지름길인 사랑은 밝은 촛불에 가까워.

여기서 또 하나 질문. 사랑은 어둠을 나누는 것일까, 밝음을 나누는 것일까? 머릿속에 어둠이 떠올랐다면 그건 사랑보다 동정에 가까워. 사람에게는 누구나 어둠이 있어. 하지만 밝음을 더 많이 찾을 수 있어야 행복한 사랑을 할 수 있어. 그러니 밝음을 많이 찾아볼 수 있는 사람에게 사랑을 줘. 그럼 그 사람도 너에게 밝음을 주는 사랑을 할 거야. 힘든 일이 생겨도 밝음을 찾기 위해 함께 노력하면서.

마지막으로 또 질문. 사랑은 마이너스를 제로로 만드는 것일까, 제로를 플러스로 만드는 것일까? 뭐라고? 마이너스를 플러스로 만드는 거라고? 에이, 둘 중 하나만 골라 봐. 사랑은 제로를 플러스로 만드는 것에 가까워. 행복을 누리기 위해 플러스가 될 만한 것들을 찾는 거야. 사랑은 행복하기 위해 하는 것임을, 그리고 노력이 필요한 일임을 잊지 말기 바라. 그렇게 행복하게 사랑하며 살아가기를 응원할게.

13.

어른이 된다는 게
대체 뭐야?

#어른 #심리사회적 발달 단계 #책임감 #성장

🏠 규리의 질문

작년에 대학 들어간 언니들이 밥을 사 준다고 해서 어제 만났어. 다들 변한 게 없더라고. 아니, 어떤 면에서는 오히려 더 어려진 것 같았어.

나랑 같이 고등학교를 다닐 때는 엄청 성숙하고 똑똑해 보이던 언니들이었어. 그런데 성인이 된 지금 오히려 어린애 같은 말들을 해서 놀랐어. 공부하기 싫다는 둥, 너무 하기 싫어서 과제도 제출 안 했다는 둥, 다음 학기에 휴학하고 놀러다닐 거라는 둥……. 어린애처럼 땡깡을 부리면서 투덜대는 거 있지?

나는 언니들이 어른 되면 엄청 성숙해져서 "후배들아, 내가 다 풀어 줄게", "고민 있으면 언제든지 말해", "뭐든 다 도와줄게" "먹고 싶은 것 다 사 줄게" 뭐 이런 태평양 같은 마음으로 날 보듬어 줄 거라 기대했거든. 그런데 전혀 아니었어. 나도 곧 성인이 될 텐데, 나 역시 저런 모습이 되는 걸까?

스무 살 넘으면 자연스럽게 어른이 되는 줄 알았어. 현명하고 지혜로운 어른. 그런데 아닌가 봐. 그럼 대체 어른은 언제 되는 거야? 아니, 어른이 된다는 게 대체 뭐야?

나이가 들면 어른이 된다고들 생각해. 아빠도 그랬어. 그런데 솔직히 아빠는 아직도 내가 어른인지 잘 모르겠어. 어른이 되기 위해 노력할 뿐이지.

사람들은 흔히 나이가 들어도 어른스러운 행동을 하지 못하는 사람에게 "나잇값 못 한다", "어른답지 않다"라고 해. 나이 어린 사람이어도 어른스러운 행동을 하면 "어른답다"라고 하지. 그러니 나이는 어른이 되는 데 필요충분조건은 아니야.

심리학에서는 일정한 심리 성장 단계를 밟아야 어른이 된다고 분석해. 나이를 먹으면서도 그 성장 단계를 밟지 못하면? '어른이'가 되는 거야. 어른의 외모지만 어린이인 사람.

어른으로 성장하는
여덟 단계

발달심리학을 연구한 에릭 에릭슨은 어른으로 성장하는 과정을 연구한 뒤 **심리사회적 발달 단계 이론**을 만들었어. 총 여덟 단계로 나눠서 설명해.

첫 번째 단계는 태어나서 한 살까지야. 이때는 어머니와 같은 절대적인 존재를 필요로 해. 갓난아기는 배가 고프면 울어. 그러면 어머니 역할을 하는 사람이 와서 젖을 주지. 이를 통해 아기에게는 '울면 젖을 먹을 수 있다'라는 믿음, 즉 '신뢰'가 생겨. 하지만 울 때마다 바로바로 젖을 먹을 수 있는 건 아니야. 이 경험을 통해 '불신'도 생겨. 그리고 신뢰와 불신을 오가면서 '희망'이라는 미덕을 얻게 돼. 희망은 '이뤄지지 않을 수도 있지만 원하는 일이 생기기를 바라면서 기다리는 마음'이야. 절망적인 일, 힘든 일을 당해도 버텨 낼 힘이 돼. 이 과정을 거치지 않은 사람은 나이가 들어도 희망을 찾지 못해. 힘든 일을 당하면 쉽게 좌절하지.

두 번째 단계는 한 살부터 세 살까지야. 이때는 "내가 할 거야"라는 말을 많이 해. '자율'을 인식하지. 그렇게 자율적으로 혼자 무언가를 하며 실수도 해. 숟가락질을 마음먹은 대로 하지 못해 식탁을 더럽히는 식이야. 이때 '수치심'을 경험해. 그리고 수치심에서 벗어나 자율의 즐거움을 느끼기 위해 노력하면서 '의지'라는 미덕을 얻어. 뭔가 일이 잘 안 됐을 때 수치심을 극복하고 더 잘하려고 애쓰는 게 아니라 남 탓이나 상황 탓을 하는 사람은 이 단계에서 제대로 성장하지 못한 거야.

세 번째 단계는 네 살부터 여섯 살까지야. 이 시기에는 "어머, 네가 이런 걸 어떻게 아니?", "와, 이런 것도 할 줄 아네?" 같은 말을 들으며 자신감을 키워. '주도성'을 갖게 되지. 새로운 놀이를 개발한다며 말썽을 부리기도 해. 그러다 혼이 나면 '죄책감'을 느껴. 죄책감을 극복하고 주도적으로 행동하며 사회적으로 인정받기 위해 노력하는 과정에서 '용기'를 배워. 학교 폭력을 저지르고서도 죄책감을 느끼지 못하거나, 나쁜 짓을 용기 있는 행동으로 착각하는 아이들은 이 단계에서 미성숙한 거야. 아내를 폭행하고 주위에 자랑을 하는 성인도 마찬가지지.

네 번째 단계는 일곱 살부터 열두 살까지야. 이때는 학교에 가서 정해진 시간 동안 정해진 공부를 하며 '근면성'을 경험해. 정해진 시간에 학교에 가지 않거나 정해진 공부를 제대로 하지 못하면 '열등감'을 경험하지. '능력'의 소중함도 깨달아. 요즘 신입 사원 중에서는 부모님이 대신 회사에 전화해서 지각 사유를 말하는 경우도 있다고 하잖아? 이 성장 단계를 제대로 경험하지 않아서 생기는 문제야. 직장에 늦게 나간 이유도 스스로 말하지 못하는 사람을 어른이라고 할 수 있을까?

다섯 번째 단계는 열세 살부터 열아홉 살까지의 청소년 시기야. 이때 어떤 사람은 '나는 누구인가'라는 질문에 대한 답을 조금씩 찾게 돼. 무엇을 하고 싶고, 어떻게 하면 되는지 감을 잡기 위해 노력하는 '자아 정체성 확립'이 시작되지. 반대로 '자아 정체성 혼란'을 겪는 청소년도 있어. 고민을 덜기 위해 또래 집단을 기웃거리며 집단에 대한 '충성심'을 배워. 학교, 동아리, 팬클럽 등 다양한 방식을 통해서 말이지.

여섯 번째 단계는 스무 살부터 마흔 살까지야. 집단이 아니라 특정 대상에 '친밀감'을 가져. 친밀감을 가지지 못하면 '고립감'을 경험하지. 친밀하면 친밀한 대로, 고립되면 고립된 대로 '애정'의 소중함을 알게 돼.

일곱 번째 단계는 마흔 살부터 예순 살까지야. 그동안의 인간관계와 경험을 바탕으로 성과를 내는 '생산성'을 보이기도 해. 반대로 힘에 부쳐 '침체성'을 보이는 사람도 있지. 직장 생활 초기에는 자신의 힘으로 모든 성과를 내려고 하지만, 경험이 쌓이면 팀으로 움직이는 법을 알게 돼. 침체한 사람은 팀원 때문에 성과가 안 난다고 짜증을 내기도 해. 재미있는 건 두 경우 모두 타인의 중요성을 안다는 거야. 이때 '타인에 대한 배려'를 배워.

여덟 번째 단계는 예순 살부터 죽음에 이르기까지야. 좋은 일도 나쁜 일도 모두 지금의 자신이 되는 데 도움이 되었다는 '자아통합'이 일어나 삶을 긍정해. 반대로 '결국 이러려고 그렇게 힘들게 살아왔나' 하면서 '절망감'에 휩싸이기도 하지. 자아 통합과 절망감을 두루 겪은 사람은 다른 사람이 자신처럼 절망하지 않고 긍정적으로 살도록 '지혜'를 나누려 노력하기도 해. 공동체를 생각하는 거야. 자신의 욕심만 채우는 노인도 있지만, 자원봉사를 활발하게 하는 노인도 있지.

너는 어느 단계에서 어른이 된다고 생각해? 나이로는 스무 살이지만, 그전에도 충분히 어른스러울 수 있잖아. 어려운 일을 당해도 희망을 놓지 않고, 성실하게 자기 일을 하고, 주도적으로 삶을 헤쳐 나가고, 다른 사람을 배려하고, 공동체를 생각하는 미덕을 가졌다면 나이와 상관없이 어른이라고 할 수 있지 않을까?

책임감, 그리고 지혜

어른이란 뭘까? 나이로는 진작 어른이 된 아빠도 어떤 말을 하거나 행동할 때마다 고민해. 어른다운 말과 행동이 무엇인지. 그냥 하고 싶은 말 다 하고, 먹고 싶은 것이 있으면 남의 것이라도 빼앗아서 먹고, 하고 싶은 거 다 하고, 아무데나 용변을 보고 나 몰라라 하는 사람을 어른이라고 할 수 있을까? 아니지? 책임감 없이 즉흥적으로 욕망에 따라 움직인다면 어른이라고 할 수 없을 거야.

어른은 말과 행동에 책임을 지는 사람이야. 잘못한 것은 잘못한 대로, 잘한 일은 잘한 대로 자신의 몫을 당당하게 챙기고, 책임지지 못할 일은 피하려 애쓰지. 한마디로 어른에게는 책임감이 있어. 나 자신의 성장에 대한 책임감, 가족에 대한 책임감, 자신이 속한 집단에 대한 책임감을 골고루 가진 사람이지. 어느 한쪽으로만 기울면 안 돼. 회사에 대한 책임감 때문에 가족에 대한 책임감을 무시하면 '나쁜 남편', '나쁜 아빠'가 돼. 이처럼 자신과 관련된 모든 것에 고루 책임감을 가져야 하기에 어른이 되기는 쉽지 않아.

청소년인 너는 가족에 대한 책임감과 학교에 대한 책임감보다 너 자신의 성장에 대한 책임감에 집중하면 돼. 네가 지금 아빠를 책임지지 않아도 아빠는 충분히 이해할 수 있어. 그냥 아빠가 썰렁한 농담을 했을 때 따스하게 미소 지어 주면 돼. 아, 힘든 일이라고? 그럼 그냥 아빠랑 밥 먹을 때 눈만 마주쳐 줘도 돼. 아빠를 '걸어 다니는 유기체' 정도로 취급하지 않고 사랑하는 사람으로 인정하는 것만으로도 책임을 다하는 거야. 과도한 책임감으로 너 자신을 옥죄지 않아도 돼.

생각해 보면 어른이 되기 힘든 이유는 자신에 대한 기대를 과도하게 해서일 수도 있어. 세상은 그만큼을 기대하지 않는데 지레짐작해서 과도하게 말과 행동을 하니 남들 보기도 이상하고 자기도 힘들어지는 것일 수 있어.

결국 어른이 되려면 자기가 감당할 정도의 책임감을 짊어질 줄 아는 '지혜'도 필요해. 세계 평화를 위해 정치 일선에 나서지 않아도, 환경오염을 막기 위해 일회용품 사용을 줄이는 것만으로도 어른이 될 수 있어.

변화를 선택할 용기

오늘날 우리나라 사람들은 자기계발에 많은 신경을 쓰며 살고 있어. 자기계발서도 많이 팔리지. 이들의 자기계발 목적은 어른 되기가 아니라 성공과 행복이야. 가만히 있으면 경쟁에서 밀려날지도 모른다는 불안감 때문에 자기계발에 더 목매기도 해.

조금 의아할 텐데, 시인으로 알려진 괴테도 자기계발에 열중했던 사람이야. 1774년 《젊은 베르테르의 슬픔》으로 자신의 이름을 전 유럽에 알린 뒤에도 자기계발을 멈추지 않았어. 《빌헬름 마이스터의 수업시대》를 내놓으며 열정을 불태웠지. 괴테의 명성은 날로 높아졌어. 작센바이마르의 카를 아우구스트 대공은 괴테를 바이마르 공국의 재상으로 삼기도 했어. 괴테는 30대에 부와 권력을 모두 거머쥐었어.

그런데 서른일곱 살이 되던 날 괴테는 그때까지 몸담고 있던 행정가의 세계를 훌쩍 떠나. 그리고 좌충우돌하며 성숙한 자아를 형성하기 위해 노력해. 그 뒤 재상으로 돌아가지 않고 문학가로서의 삶을 살아. 마음이 움직이는 대로, 감성대로 산 거야. 진정한 어른이 된 것이지.

무덤덤하다 못해 아무것도 못 느끼는 듯 보이는 얼굴로 살아가는 성인이 많아. 그들은 회사를 어떻게든 벗어나고 싶어 해. 입시 교육에 지친 청소년이 학교를 벗어나고 싶어 하는 것처럼. 왜일까? 오로지 돈을 벌기 위해 가슴이 시키는 것과 다른 일을 하고 있기 때문이야.

"그 많은 돈을 벌지 못했다면 나는 아무것도 아닐 뻔했다."

이렇게 말하는 사람도 있어. 돈 없는 자신은 아무것도 아니라는 거야.

네가 상상하는 어른은 '직업을 갖고 돈을 버는 사람'일 거야. 하지만 돈을 벌어들이느라 자기 삶이 무너져 내리는데도 눈치 채지 못하고 억지로 버티며 사는 사람은 아닐 거야. 적어도 그런 어른이 되고 싶지는 않을 거야.

돈은 얼마 벌지 못하지만 가슴이 시키는 일을 당당하게 하면서 그 결과에 책임을 지는 삶을 산다면? 그것도 어른다운 거야. 괴테는 마음대로 사는 삶이 얼마나 행복할 수 있는지 보여 줬어.

가슴이 하는 말을 귀담아 듣지 않으면 언젠가 반드시 문제가 생겨. 어린아이처럼 울게 되지. 심리 상담소를 찾는 중년이 많은 것도 그 때문이야. 금전적으로 아무리 성공해도 가슴이 원하는 것을 채우지 않으면 소용없어.

무책임하게 욕망이 시키는 대로 하라는 말이 아니야. 책임질 수 있는 선에서 가슴이 시키는 말을 따르라는 거야. 괴테는 행정가로서 능력을 인정받았지만 가슴이 시키는 대로 예술가의 삶을 선택했어. 자기 삶을 결정했지.

흔히 흔들리지 않아야 어른이라고들 생각해. 하지만 그런 어른은 생기가 없어. 흔들리면서도 행복을 향해 나아가는 어른이 되고 싶지 않니? 괴테가 오랜 시간《빌헬름 마이스터의 수업시대》를 쓰면서 고민한 것도 '어떻게 하면 독자로 하여금 흔들림을 통해 진리를 자각하는 것의 중요성을 느끼게 할 것인가'였어. 그래서《빌헬름 마이스터의 수업시대》제6권에 갑자기 앞의 이야기와 주제 의식을 흔드는 〈어느 아름다운 영혼의 고백〉이라는 수기를 넣어 독자에게 혼란을 주는 파격을 시도했어. 독자가 머리로만 이해하며 이성이 가리키는 방향으로만 나아가지 않도록 한 거야.

마음의 소리는 수시로 바뀔 수 있어. 그때마다 따르기 위해 노력해야 해. 그럼 더 큰 성공과 행복으로 연결될 거야. 사람은 변화를 이루기 위해 도전하지만, 도전하는 과정에서 이미 변해.

역사상 가장 어린 나이에 억만장자가 된 빌 게이츠Bill Gates처럼 성공하는 것이 목표인 사람들은 흔히 빌 게이츠의 특정한 모습만 정지된 사진처럼 기억하며 그를 닮으려 도전해. 하지만 정작 빌 게이츠는 끊임없이 변화를 추구했어. 대학에 입학했지만 중퇴하고 마이크로소프트 회사를 만들었지. 도스 운영체제만 만든 것도 아니야. 윈도우 체제도 만들었어. 문서 작성 프로그램, 디스플레이 제품 개발 등 다양한 분야를 개척하며 변화해 나갔어. 은퇴 후

어른은 흔들리지 않는
사람 아니야?

계속 성장하려면
계속 흔들려야 하지
않을까?

에는 자선사업가로서 활동을 시작했어. 어른은 이렇게 가슴이 시키는 대로 '변신'할 줄 알아야 해.

어른도
계속 성장한다

지금까지의 이야기를 종합하면, 어른이란 자신의 성장과 행복을 위해 책임감을 가지고 행동하며 가슴이 시키는 방향으로 변신할 줄 아는 사람이야. 어른은 반사회적인 방향으로 움직이지 않아. 이 세상은 저마다 다른 욕망을 가진 다양한 사람으로 이뤄진 것을 아니까. 사회 규칙을 무시하지 않으면서도 원하는 것을 추구할 줄 아는 지혜를 가진 거야. 그래서 어른은 계속 공부를 해. 젊을 때는 학력 증명을 위해, 취직을 위해 공부를 하지만 나이가 들면 세상과 다른 사람과 자기 자신을 더 잘 이해하기 위해 공부를 해.

결국 어른은 '자신의 성장과 행복을 위해 책임감을 가지고 행동하며 가슴이 시키는 방향으로 변신하고자 할 때 올바른 선택을 할 교양을 갖춘 사람'이야. 아빠가 계속 변신을 시도하며 공부하는 것도 이런 어른이 되고 싶은 마음 때문이야. 아직 사회적으로 널리 인정받는 작가, 상담가, 심리학자는 되지 못했지만, 객관적으로 더 나은 존재가 되려고 노력하는 사람 정도로는 인정받고 있어. 그리고 주관적으로는 우리 두 딸과 나 자신에게 당당한 사람이 되고 있다고 생각해.

너도 끊임없이 노력하며 성장하는 어른이 되기를 응원할게. 네가 원하는 네 자신이 되기 위한 도전을 멈추지 마. 객관적으로 계속 더 나은 사람이 되기 위한 도전, 주관적으로 자기 스스로를 더 좋아하기 위한 도전을 하는 것이 현명하게 어른이 되는 방법이라고 생각해.

나이가 들어 성인이 되어도 더 나은 자신으로 인정받기 위한 도전을 하지 않는다면 어른일 수 없어. 네가 대학에 입학해 술집에서 맘껏 술을 마신다고 해서 "아, 저 어른다운 모습을 보라" 하며 박수 쳐 줄 사람은 별로 없을 거야. "어른답다"라는 말은 아르바이트를 하며 경제적으로 자립하는 사람이나, 공부를 열심히 하며 꿈을 향해 나가는 사람에게 더 어울리지. 물론 그런 사람이어도 자기 자신을 싫어하면 성숙할 수 없어. 남 탓, 세상 탓을 하며 불만만 털어놓는 미성숙한 사람이 될 수도 있지. 그러니 객관적인 성장과 주관적인 만족의 교차점을 계속해서 찾아나가야 해.

때로는 주관적인 만족의 기준을 낮추거나 조금 덜 힘든 도전부터 하는 식으로 교차점을 찾는 게 좋아. 아빠는 책이 많이 팔려야 만족하던 자세에서 벗어나 책을 내는 것에 만족하는 자세를 갖게 되었어. 다루기 너무 어려운 주제는 일단 공부부터 하고, 덜 어려운 주제에 대해 먼저 글을 쓰는 식으로 도전을 하고 있어.

이렇듯 현실적으로 포기하는 부분도 생길 거야. 하지만 도전을 멈추지는 마. 그렇게 나아가다 보면 어느새 당당하면서도 행복한 어른으로 성장한 너의 모습을 발견하게 될 거야.

서로를 이해한다는 것

안녕하세요? 이남석입니다. 이 책은 저의 두 딸 이규리, 이규린과 함께 썼습니다. 하지만 가장 많은 분량을 담당한 제가 대표로 에필로그를 쓰겠습니다.

이 책을 쓰면서 작가가 되기로 처음 결심했던 때를 떠올렸습니다. 당시 유치원생이던 첫째 딸과 둘째 딸에게 저는 밤마다 이야기를 들려주었습니다. 처음에는 유명한 동화들을 기억나는 대로 말했어요. 하지만 곧 이야깃거리가 떨어졌습니다. 그래서 제 마음대로 막 지어서 해 줬습니다. 반응이 좋았습니다. 지금 생각해 보면 그건 이야기가 훌륭해서가 아니었습니다. 아빠가 뭔가를 해 주는 것이 고마워 방청객처럼 반응해 준 것은 아니었나 싶습니다. 하지만 저는 제게 이야기를 만드는 재주가 있다고 생각했습니다. 그리고 글쓰기 연습을 시작했습니다. 제 딸들이 읽어도 부끄럽지 않은, 딸들의 친구들도 읽고 좋아할 책을 만들겠다는 생각으로 말입니다.

제 딸들이 크면서 저는 어린이 책을 쓰게 되었습니다.《아빠, 게임할 땐 왜 시간이 빨리 가?》라는 책이지요. 딸들과 나눈 이야기를 바탕으로 썼습니다. 그리고 딸들이 청소년이 되면서 저도 청소년 책 작가가 되었습니다.

이렇듯 저의 작가로서의 삶이 지금에 이르는 데는 제 딸들이 가장 큰 역할을 했습니다. 딸들과 SNS로 생각을 나누고, 집에서 이야기를 나누고, 여행을 하며 체험한 것을 바탕으로 함께 글을 쓰기도 했습니다. 그 글을 발전시켜《디자인은 어디에나 있어!》라는 책을 내놓기도 했습니다. 딸들을 위해 혼자 시작한 글쓰기였는데, 어느덧 딸들과 함께 쓰게 되어서 더 행복합니다.

딸들이 자라면서 딸들과 함께 쓰는 책도 자라고 있습니다. 어린이 책에서 청소년 책으로요. 앞으로 딸들과 쓰는 책이 어디까지 자랄지 저는 기대가 됩니다.

각 장의 질문 글은 순전히 제 딸들이 썼습니다. 그뿐만이 아닙니다. 제가 쓴 글도 청소년의 눈높이에 맞게 딸들이 고쳐 줬습니다. 이런 과정을 겪으면서 글을 쓰기 전에는 생각하지 못했던 바람이 생겼습니다. 이 책을 읽은 청소년 독자 여러분도 가족 또는 어른과 속마음을 터놓고 상담하면 어떨까 하는 생각이 들었습니다.

그 대상이 심리학자가 아니어도, 서로 마음을 나누는 것만으로도 문제를 해결할 단서를 찾을 수 있다는 깨달음을 얻었습니다.

제 답변에 대한 딸들의 생각을 듣는 과정을 통해 저는 딸들을 더 이해할 수 있었고, 딸들도 저를 더 이해했습니다.

그 이해를 바탕으로 더 행복한 삶을 사는 길도 찾았습니다. 더 많은 이야기를 나누고 즐거움을 키우고자 저와 딸들은 〈이남석의 심리트릭〉이라는 유튜브 채널을 만들어 스트리밍을 하기 시작했습니다.

아무도 자신을 이해하지 못할 거라고 생각하며 마음의 문을 닫으면 행복의 문도 닫힙니다. 새로운 삶의 문도 닫힙니다. 제가 딸들을 위해 이야기를 만들고 작가가 되고 유튜버로 변신하는 등 많은 도전을 할 수 있었던 힘의 바탕에는 마음의 문을 닫지 않으려는 노력이 있었습니다. 지식이 다가 아닙니다.

독자 여러분 주변에도 마음의 문을 닫지 않은 어른이 있을 거예요. 마음의 문을 닫은 것처럼 보이는 어른에게는 이 책을 한번 권해 보세요. 표현을 못 해서 그렇지, 그분도 사실 열린 마음을 갖고 있었음을 알게 될 것입니다.

이 책에는 다양한 고민에 대한 답이 있습니다. 그 답은 여러 답 중의 하나에 지나지 않을 겁니다. 저보다 멋진 답을 주시는 분도 계시겠지요. 어쩌면 저보다 못한 답을 주시는 분도 계실 것입니다. 그러나 여러분을 걱정하고 응원하고 아끼는 마음을 가졌다는 것은 똑같아요. 답도 중요하지만, 그 마음을 더 많이 받아들여 보세요. 그러면 행복해질 거예요.

이 책을 처음 쓸 때 저는 멋진 심리학 지식을 풀어놓으려 했습니다. 하지만 쓰다 보니 이야기를 편하게 주고받는 모습을 제시해 청소년 독자와 성인 독자가 직접 실행할 수 있게 돕고 싶다는 생각을 더 많이 하게 되었습니다. 원고를 다 쓴 지금에는 청소년과 어른이 고민과 답을 주고받는 역할모델과 노하우를 보여드린 것에 큰 의의가 있다고 생각합니다.

고백하건대 저는 '딸바보'입니다. 딸들 앞에서는 바보 같은 웃음만 짓기 때문이 아닙니다. 딸들이 없으면 일을 제대로 하지 못하고 버벅거려서 딸바보입니다. 실제로 혼자 미국 피츠버그대학의 초빙연구원으로 생활할 때 많이 힘들었습니다. 그런 저의 특성을 가장 많이 담은 글을 세상에 내놓으니 더 진실한 사람이 된 듯한 느낌입니다.

저희는 상담을 통해 서로를 이해하며 더 큰 행복을 찾았습니다. 여러분도 다른 사람과 고민을 나누고 사소한 이야기도 주고받으며 서로를 더 잘 이해하는 행복한 관계를 만들기를 기원합니다.

이규리, 이규린의 아빠

이남석

찾아보기

딸들이 묻고 심리학자가 답하다

여자는 야동 보면 안 돼?

초판 1쇄 2019년 2월 28일
초판 2쇄 2020년 6월 30일

지은이 이남석 이규리 이규린

펴낸이 김한청
기획편집 원경은 이한경 박윤아 이건진 차언조
마케팅 최원준 최지애 설채린
디자인 이성아

펴낸곳 도서출판 다른
출판등록 2004년 9월 2일 제2013-000194호
주소 서울시 마포구 동교로27길 3-12 N빌딩 2층
전화 02-3143-6478 **팩스** 02-3143-6479 **이메일** khc15968@hanmail.net
블로그 blog.naver.com/darun_pub **페이스북** /darunpublishers

ISBN 979-11-5633-222-0 43180